LEOPOLI

L'OLOCAUSTO ATTRAVERSO GLI OCCHI DI
UNA DODICENNE

JANINA HESCHELES

ISBN 9789493231573 (ebook)

ISBN 9789493231566 (tascabile)

Tradotto dall'inglese all'italiano da: Camilla Brambilla Pisoni

Curato da: Ludovica Gioacchini

Casa editrice: Amsterdam Publishers

info@amsterdampublishers.com

Copyright © Janina Hescheles, 2021

Copertina: diario con una foto di Janina e i suoi genitori scattata nel 1941

Prima edizione in polacco *Oczyma dwunastoletniej dziewczyny*, Wojewodzka Żydowska Komisja Historyczna, Cracovia, 1946.

Tutti i diritti riservati. Nessuna parte di questa pubblicazione può essere riprodotta o trasmessa in nessuna forma e in nessuna modalità, elettronica o meccanica, incluse fotocopie, registrazioni o altri sistemi di riproduzione video o audio senza il permesso scritto dell'editore.

INDICE

Prefazione   v

Introduzione   1
La Storia di Leopoli   8
Fotografie   13
1. Papà torna a casa   18
2. I Tedeschi irrompono in città. Il primo pogrom   21
3. Il quartiere ebraico   30
4. La 'Grande Aktion' dell'agosto 1942   35
5. Nella parte ariana   40
6. L'arresto   47
7. Ritorno al ghetto   53
8. La separazione da Mamma   56
9. Nelle DAW e nel campo di Janowski   60
10. L'impiccagione   69
11. Rosh Hashana e Yom Kippur nel campo – la fuga   78

Epilogo   85
Poesie di Janina 1941-1945   95
Ringraziamenti   105
Citazioni da prefazione, postfazione e film   109
Richiesta di Recensione   121
Glossario   123
Indice   127

PREFAZIONE

L'orologio biologico scorre velocemente. La mia vista e il mio udito non sono più quelli di una volta e la mia memoria comincia ad essere offuscata. La generazione che ha vissuto ed è sopravvissuta alla Seconda Guerra Mondiale sta naturalmente svanendo. Come succede a molti anziani la mia mente, i miei pensieri, ritornano alla mia città natale e alle persone che mi sono state vicine, con la certezza profonda che rimarranno parte fondamentale di una fase estremamente dolorosa della storia dell'umanità, che non sarà certo dimenticata.

Oggi, Leopoli è in ogni posto in cui la vita è stata destabilizzata, in cui ogni giorno le persone perdono le loro famiglie, in ogni posto da cui la gente è costretta a fuggire abbandonando le proprie case e i propri villaggi. Leopoli lo vedo nelle case, deserte, con porte e finestre sbarrate nelle vie di *Wadi Salib* ad Haifa. Qui gli abitanti furono costretti a fuggire ed abbandonare le loro residenze durante la guerra del 1948.

La mia memoria riporta a galla immagini che provengono dal passato: gli abitanti, terrorizzati, che corrono per le strade e giù per le scale di pietra che conducono al porto, mentre colpi di fucile vengono sparati in aria appena sopra le loro teste. Più in basso, nel porto, le barche aspettano di portarli verso una destinazione a loro sconosciuta.

L'esodo dei popoli è un fenomeno tipico della storia ma il nostro tragico passato non ci dà il diritto di confiscare terre, di distruggere case o di sradicare ulivi che sono stati coltivati per generazioni. Tale comportamento sminuisce e umilia l'Olocausto.

Al contrario, il nostro futuro nel Vicino Oriente dipende dalla nostra capacità di instaurare dei rapporti che ci permettano di vivere insieme, senza dover ricorrere periodicamente alla violenza e alle guerre. Il fatto che oggi ci siano coloro che manifestando gridano "Ebrei e Arabi si rifiutano di essere nemici!" mi dà coraggio e mi riempie di speranza.

Janina Hescheles Altman

Haifa

INTRODUZIONE

Un'altra vita salvata da un abisso infinito di dolore e male. Non fu grazie al caso ma grazie alla meticolosa rete di opere clandestine. Questa bambina di dodici anni fu salvata perché faceva parte del mondo letterario. Era una di quelle persone che nel campo di Janowski a Leopoli, venne 'infettata' dal virus letterario. In questo terribile campo nazista il virus le sarebbe potuto essere fatale, ogni momento poteva essere l'ultimo, ma per Janina (Janka è il suo soprannome) Hescheles si rivelò l'elisir della vita.

Cosa sarebbe stato di questa bambina, da sola tra le centinaia di prigionieri del campo di Janowski, se non fosse stato per il desiderio di testimoniare attraverso "poesie senza rime" tutto quello che le succedeva attorno?

Ilian Borwicz (il nome clandestino di Michal Borwicz) fu attirato da Janina e dalle sue poesie. Janina le recitava la sera, davanti alle donne del suo gruppo, quando la sola luce ad illuminarla era quella del fuoco che, alle sue spalle, cremava i cadaveri di coloro che erano stati giustiziati a Piaski (le dune dietro al campo) durante la giornata. Così, il gruppo clandestino che operava al campo di Janowski prese contatto con la giovane prigioniera. Nel diario di

Janka compaiono spesso i nomi di Ilian, Wahrman, Grün, Jakubowicz, Fränkel e Kleinman – tutti membri di questa rete clandestina.

Dopo essere fuggito dall'inferno del campo di Janowski Ilian non smise mai di pensare a Janina. Nel mezzo di questo abisso di dolore, Janina sviluppò a Janowski una sensibilità largamente superiore di quella di una qualunque dodicenne. Salvarla da quel campo diventò una delle priorità di Ilian dopo il suo arrivo a Cracovia. Avendo già dei contatti all'interno, la via d'uscita era già pronta, il resto dipendeva dal Degota – il Consiglio per l'aiuto agli ebrei. Nell'agosto 1943 l'agente di collegamento Ziuta Ryshińska[1] andò a Leopoli per decidere con Wahrman come e quando Janina sarebbe fuggita. Fu in ottobre (1943) che la fuga ebbe luogo e Janina e Elżbieta furono portate in salvo.

Settimane più tardi, mentre Janina si trovava a Cracovia, le demmo un quaderno e una matita. Questo quaderno grigio segnato dai grandi caratteri tipici della scrittura di una bambina, fortunatamente, fu preservato dopo aver viaggiato in lungo e in largo come la sua proprietaria, anche se mai insieme a lei.

Come la sua autrice, fu trattato con grande attenzione, dal momento che in tutti noi era presente la consapevolezza che qualsiasi pezzo di carta reputato "sospetto" si sarebbe rivelato fatale. Nelle poche dozzine di pagine scritte da Janina Hescheles, tutto era chiaro e semplice, non sospetto.

Era impossibile chiedere a una bambina appena fuggita da Janowski di essere cauta nella scrittura, perché così facendo avremmo estinto ciò che di più essenziale emerge dalla sua testimonianza: la sincerità di una bambina.

Già dalle prime pagine ci rendemmo conto del vero valore di questo diario. In esso, l'autrice, che senza dubbio aveva coltivato il suo talento naturale per la scrittura, descriveva le sue esperienze non solo con sincerità ma riportando fedelmente nomi e date.

Per questo motivo, nonostante in quel momento salvare una vita significasse metterne a rischio molte altre, non esitammo a chiedere a Janina subito dopo la fuga dal campo, di mettere nero su bianco tutto quello che aveva vissuto a Leopoli.

Oggi possiamo apprezzare il fatto che Janina scrisse tutto in un momento in cui l'esperienza di Janowski era ancora viva nella sua mente, prima che la sua nuova vita in libertà, seppur relativa, potesse offuscare i ricordi degli anni precedenti.

Un'ulteriore fortuna fu che nel primo appartamento in cui trovò rifugio a Cracovia, Janina non dovette nascondere la sua identità davanti a coloro che la ospitavano, né fingere di essere qualcun'altra. Tutto ciò la aiutò a imprimere su carta in modo fedele e autentico le sue esperienze e i suoi ricordi.

Certo, non tutto fu così semplice. La giovane prigioniera, una bambina strappata da un campo di concentramento, sopravvalutò parecchio il livello di sicurezza in cui si trovava con eccessivo ottimismo. Questo fu chiaro fin dai primi giorni a Cracovia, di cui parla alla fine del suo diario: "non potevo credere di essere in una cameretta, potermi sdraiare su un letto, da sola, senza nessuno a interrompere il silenzio..."

Dopo Janowski parole come "cameretta", "letto" e "silenzio", che per noi non erano altro che parole di tutti i giorni, le davano un senso amplificato di sicurezza. Proprio perché si sentiva ormai in salvo e al sicuro Janina, con l'imprudenza di una bambina, lasciava in giro per l'appartamento (che per noi era solo una base temporanea per i rifugiati) note e foglietti con appunti e informazioni sul campo, su Piaski, Bełżec, sulla morte e su sua madre.

Il diario fu scritto e subito dopo portato in giro per un viaggio clandestino, anche se diverso, in qualche modo, da quello della sua autrice. È forte in noi – e immensamente grande – la consapevolezza del valore storico di questo semplice quaderno. Per un anno e mezzo – da ottobre 1943 fino al giorno della liberazione –

fu spesso tenuto insieme ad altri fogli e trasferito da un nascondiglio a un altro non appena si sospettasse la compromissione di una base.

Janina stessa dovette spesso vagare da un posto all'altro e cambiare la sua identità. Dopo i primi mesi, relativamente tranquilli, iniziò a trasferirsi regolarmente. Perché non avevamo altra scelta, per esempio, fu costretta a diventare la figlia di un ufficiale polacco e di una donna ebrea.

Poi, dopo l'insurrezione di Varsavia, fuggì da Varsavia. Poté finalmente decidere lei quale identità inventare per se stessa. Passò gli ultimi mesi della guerra in un'atmosfera piacevole e serena nell'orfanotrofio di Jadwiga Strzałecka[2]. L'orfanotrofio, precedentemente a Varsavia, fu trasferito in un edificio a Poronin, ai piedi dei Tatra.

Tutti i diari li abbiamo consegnati alla stampa senza che fossero ritoccati – se non per le correzioni ortografiche. Con una prosa compatta Janina descrive le vite e le morti degli ebrei durante l'occupazione nazista, un tema largamente discusso al giorno d'oggi grazie al grande numero di documenti e testimonianze disponibili.

Janina, nel suo piccolo, nascondendo il suo quaderno ogniqualvolta sentisse una campana suonare o l'avvicinarsi di passi sulle scale, ci regalò così un documento del più grande valore storico e psicologico.

La Commissione storica ebraica intervistò molti bambini, le cui storie sono profondamente commoventi, ma una differenza cruciale rimane – i bambini che testimoniarono davanti alla Commissione lo fecero quando erano già in libertà. Erano liberi, fuori pericolo, in un mondo libero e sicuro mentre, al contrario, Janina scrisse le sue memorie quando si trovava ancora immersa nell'atmosfera del campo, quando il ricordo di Janowski era ancora vivo in lei.

Ad ogni incontro Janina chiedeva notizie "da là", dal campo. Nonostante la sua facciata di sicurezza, Janina era senza dubbio cosciente del pericolo in cui si trovava, soprattutto perché noi non le nascondevamo nulla. Dovremmo quindi forse elogiare anche la maturità con cui affrontò determinati temi, e la distanza che fu in grado di mantenere di fronte ad alcune domande personali e ancora dolorose.

Nella nuova realtà del ghetto, come all'interno campo del resto, si formò la personalità di questa bambina rimasta orfana, che perse prima il padre e poi la madre, e che era stata testimone della morte di centinaia di persone.

Nella sua mente, il "nuovo ordine" era caratterizzato dalla caduta di alcuni e dall'ascesa di coloro che li rimpiazzarono.

Per esempio, lo zio di Janina ottenne grazie ad una mazzetta di pulire i tunnel di scarico sotterranei, mentre al barbiere del comandante tedesco della città fu regalato un appartamento. La vita era diversa per coloro che non avevano nessun aggancio, nessuna conoscenza...

Le ultime parole che il padre di Janina le rivolse, ebbero conseguenze cruciali su di lei: "...Sii coraggiosa e non piangere mai. Piangere è umiliante, che sia per gioia o tristezza..."

Janina scrisse: "Quando non mi vedeva nessuno piangevo senza sosta". Dopo l'inferno del campo, del gruppo di donne con cui andava alle docce scrisse: "Quando camminavamo per la città, i passanti e i bambini ci guardavano e ci fissavano. Per nascondere quanto fossimo tristi cantavamo canzoni di marcia gioiose".

Talvolta vedevamo dei camion con a bordo ragazzine e bambine ebree del ghetto e del campo che cantavano. In quei momenti i commenti uditi per strada erano: "...e cantano anche, questi ebrei, che sfrontati!" Questa è una di quelle prigioniere "sfrontate", una bambina di dodici anni, che spiega in tutta serietà perché le donne cantavano.

Lo spirito di ribellione non nacque dal nulla. Questa ragazzina che camminava in giro per il campo ascoltando le conversazioni nel laboratorio di imballaggio di cartone di Ilian, iniziò ad assorbire progressivamente le idee di coloro che, con fermezza, resistevano e combattevano la ferocia. È in questa atmosfera che prese forma lo spirito di ribellione: la resistenza di Janina, la resistenza contro il suo destino di condannata all'impiccagione. Nelle sue stesse parole: "È eroismo questo? Devo essere un'eroina? No! Io voglio vivere!"

Da qui la sua proposta, a Cracovia, di diventare membro della resistenza o la sua idea di comprare una bottiglietta da mezzo litro, riempirla di benzina e nasconderla tra le lenzuola quando, dopo l'insurrezione di Varsavia, si parlava dell'eroismo dei bambini che caricavano i serbatoi con le bottigliette di benzina.

La nostra speranza è che queste memorie non saranno solo un documento storico, non solo un'altra voce di accusa contro il regime nazista ma che serviranno anche come materiale per insegnanti e psicologi. Che ognuno di loro consideri cosa impartire a quei bambini che sono più maturi dei loro coetanei, che sono feriti o solo più sensibili degli altri.

Introduzione di Maria Hochberg-Mariańska[3], attivista di Degota e curatrice della prima edizione in polacco del diario di Hescheles (1946).[4]

---

1. Ziuta Ryshińska, agente di collegamento dello Degota. Ziuta fu catturata e mandata al campo di concentramento di Plaszow e poi ad Auschwitz. Sopravvissuta alla guerra ricevette il premio Yad Vashem Righteous Among the Nations.
2. Jadwiga Strzałecka fondò un orfanatrofio a Varsavia dove nascose una decina di donne ebree che lavoravano coi bambini. Dopo la distruzione di Varsavia molte persone rimasero prive di documenti d'identità e l'orfanatrofio accolse molti più bambini e lavoratrici donne. Nessuno al di fuori di Jadwiga era al corrente della vera identità di coloro che risiedevano nell'orfanatrofio.
3. Maria Hochberg-Mariańska (Miriam Peleg era il nome che usò in Israele), giornalista e attivista di Degota. Lavorò con bambini orfani, raccolse testimonianze ed eseguì incarichi per Yad Vashem in Israele. Tra i suoi libri: *The children accuse* (trad. I bambini accusano), curato da Maria Hochberg-

Mariańska, Noe Grüss (in polacco), Cracovia, 1947; e *Outside the ghetto walls in occupied Cracow* (trad. Fuori dalle mura del ghetto durante l'occupazione di Cracovia), co-autrice con M. Ben-Zvi (in ebraico), Yad Vashem, 1987.
4. Janina Hescheles, *Oczyma dwunastoletniej dziewczyny*, Wojewodzka Żydowska Komisja Historyczna, Cracovia, 1946. Comitato di redazione: Michal Borwicz, Maria Hochberg-Mariańska, Jósef Wulf.

LA STORIA DI LEOPOLI

Tredicesimo Secolo:

Leopoli (Lviv in ucraino) viene fondata dai principi ucraini come città commerciale in una posizione strategica, al crocevia di rotte commerciali. Qui, si insediano ucraini, polacchi ed ebrei (provenienti probabilmente dal regno dei Cazari e da Bisanzio), armeni e tedeschi.

Dopo il 1340:

Leopoli entra a far parte del regno di Polonia.

1772-1919:

Spartizione della Polonia tra Russia, Prussia e Austria. Leopoli diventa parte dell'impero austro-ungarico col nome di Lemberg.

1914-1918:

Prima Guerra Mondiale – l'Austria è tra le potenze sconfitte.

1919:

Continue battaglie tra polacchi, ucraini e russi per il controllo dei territori ucraini. Leopoli è occupata dai polacchi. Gli ebrei rimangono neutrali ma i polacchi sospettano che in realtà sostengono gli ucraini; organizzano quindi un pogrom contro di loro. Viene fondato il giornale ebreo-sionista *Chwila* al fine di difendere gli ebrei. Negli anni Trenta Henryk Hescheles, il padre di Janina, diventa membro del comitato di redazione e capo curatore.

1919-1939:

Circa la metà della popolazione di Leopoli è composta da polacchi, un terzo sono ebrei (110.000) e più o meno il venti percento ucraini. Nelle campagne circostanti la maggioranza è ucraina.

23 agosto 1939:

Firma del patto Molotov-Ribbentrop e conseguente spartizione della Polonia tra Germania e Unione Sovietica.

1° settembre 1939:

L'esercito tedesco invade la Polonia. Scoppio della Seconda Guerra Mondiale. Henryk Hescheles fugge dalla Polonia.

17 settembre 1939:

L'esercito sovietico entra a Leopoli. Henryk decide di ritornare dalla sua famiglia a Leopoli ma viene arrestato dalle truppe sovietiche ai confini. Dopo un anno e mezzo viene rilasciato di prigione.

22 giugno 1941:

Operazione Barbarossa. La Germania invade l'Unione Sovietica. Con l'inizio della ritirata tedesca i sovietici danno fuoco a tutte le prigioni di Leopoli. Quasi tutti i prigionieri rimangono vittime degli incendi.

30 giugno 1941:

L'esercito tedesco, il battaglione ucraino *Nachtigal* ("Usignolo"), i cui soldati portano le uniformi del Wehrmacht, e le forze speciali tedesche (*Eisensatz Kommando*) entrano a Leopoli.

30 giugno-3 luglio 1941:

Primo pogrom a Leopoli durante il quale 4.000 ebrei vennero uccisi, tra cui anche il padre di Janina. Anche gli intellettuali polacchi, da tempo considerati come una minaccia, vengono uccisi.

8 giugno 1941:

Pubblicazione del decreto che obbliga gli ebrei a partire dai 14 anni a indossare una fascia bianca sul braccio con la Stella Ebrea (o Stella di David) in blu.

22 giugno 1941:

Pubblicazione di un decreto per l'instaurazione del *Judenrat*. Jozef Parnas è il primo leader, Adolf Rotfeld il suo vice. Il *Judenrat* è costretto a pagare un riscatto di 20 milioni di rubli entro due settimane.

25-27 luglio 1941:

"I giorni di Petliura", circa 2.000 ebrei vengono uccisi, tra cui lo zio di Janina. Pressoché tutte le sinagoghe vengono incendiate.

Settembre 1941:

Le D.A.W. vengono costruite in via Janowska.

2 ottobre 1941:

Costruzione del campo di concentramento di Janowski. Il dott. Parnas, al vertice del *Judenrat*, viene giustiziato dopo essersi rifiutato di fornire ai tedeschi dei giovani per il campo di concentramento. Il suo vice, Adolf Rotfeld, diventa il nuovo leader del *Judenrat*.

8 novembre 1941:

La maggior parte della popolazione ebrea viene relegata tra via Zamarstyonowska e via Szpitalna. Nel sottopassaggio del ponte di Peltavna – chiamato "il ponte della morte" – 5.000 ebrei vengono uccisi.

20 gennaio 1942:

Conferenza di Wannsee. I leader nazisti riuniti a Wannsee, nelle periferie di Berlino, mettono in atto la "Soluzione Finale al Problema Ebraico" attraverso lo sterminio degli ebrei.

Febbraio 1942:

Adolf Rotfeld muore a causa di un infarto. Il suo successore, Henryk Landesberg, diventa il nuovo leader del *Judenrat*.

Marzo-aprile 1942:

Nel corso di una "*Aktion* contro gli elementi asociali" (secondo una lista contenente i nomi di coloro che ricevettero aiuti comunitari) 15.000 sono inviati al campo di concentramento di Bełżec. I membri del Consiglio rabbinico si erano opposti alla compilazione di una lista dei bisognosi.

24 giugno 1942:

Nel corso di una rapida *Aktion*, durata solo dodici ore, 6.000-8.000 persone vengono deportate.

10-31 agosto 1942:

La "Grande Aktion" (conosciuta come l'Aktion di agosto). 50.000 persone vengono deportate da Leopoli e dai suoi dintorni al campo di Bełżec. La maggior parte della famiglia di Janina viene uccisa.

1° settembre 1942:

Henryk Landesberg, il leader del *Judenrat*, e altri undici poliziotti ebrei vengono impiccati dai balconi del centro della comunità ebraica.

Gennaio 1943:

Il ghetto viene trasformato in un *Julag* o campo di lavoro ebraico. Le istituzioni comunali vengono chiuse e tutti i lavoratori sterminati.

2-16 giugno 1943:

Liquidazione del ghetto di Leopoli. Morte della madre di Janina. Janina si infiltra nel campo di Janowski, nell'ultimo gruppo di ebrei sopravvissuti a Leopoli e a Galicia.

13 ottobre 1943:

Sotto richiesta di Michal Borwicz il Consiglio clandestino per l'aiuto agli ebrei, il Degota, aiuta Janina a fuggire dal campo. I membri del Degota danno a Janina un quaderno e una matita e le chiedono di scrivere tutto quello che si ricorda. Questi ricordi costituiscono la fonte principale di questo libro.

19 novembre 1943:

Liquidazione del campo di Janowski. Leopoli viene dichiarata "libera dagli ebrei" (*Judenrein*).

Marzo 1944 fino alla fine della guerra:

Janina si trova nell'orfanatrofio di Jadwiga Strzałecka a Poronin, ai piedi dei Tatra, nel sud della Polonia.

24 luglio 1944:

I sovietici occupano Leopoli. Gli abitanti polacchi vengono trasferiti in Polonia, in larga parte nei territori occidentali da cui erano stati espulsi i tedeschi. Si stima che siano stati espulsi da Leopoli tra i 100.000 e i 150.000 polacchi. La città viene ripopolata da ucraini e russi (tra cui anche molti ebrei russi), attratti dai numerosi appartamenti vacati.

1946:

La Commissione Storica Ebraica a Cracovia pubblica il diario di Janina col titolo *Through the eyes of a twelve-year-old girl* (trad. "Attraverso gli occhi di una dodicenne").

Febbraio 1946:

Dopo la Conferenza di Jalta Leopoli viene incorporata nella Repubblica Ucraina dell'Unione Sovietica. Viene rinominata, in ucraino, Lviv.

FOTOGRAFIE

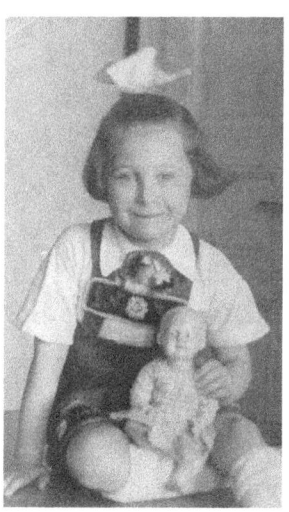

Janina da bambina

Janina e sua madre (1935)

Janina e suo padre (1936)

Janina e i suoi genitori (1941)

Fig 1. Lvov Center 1941-1943

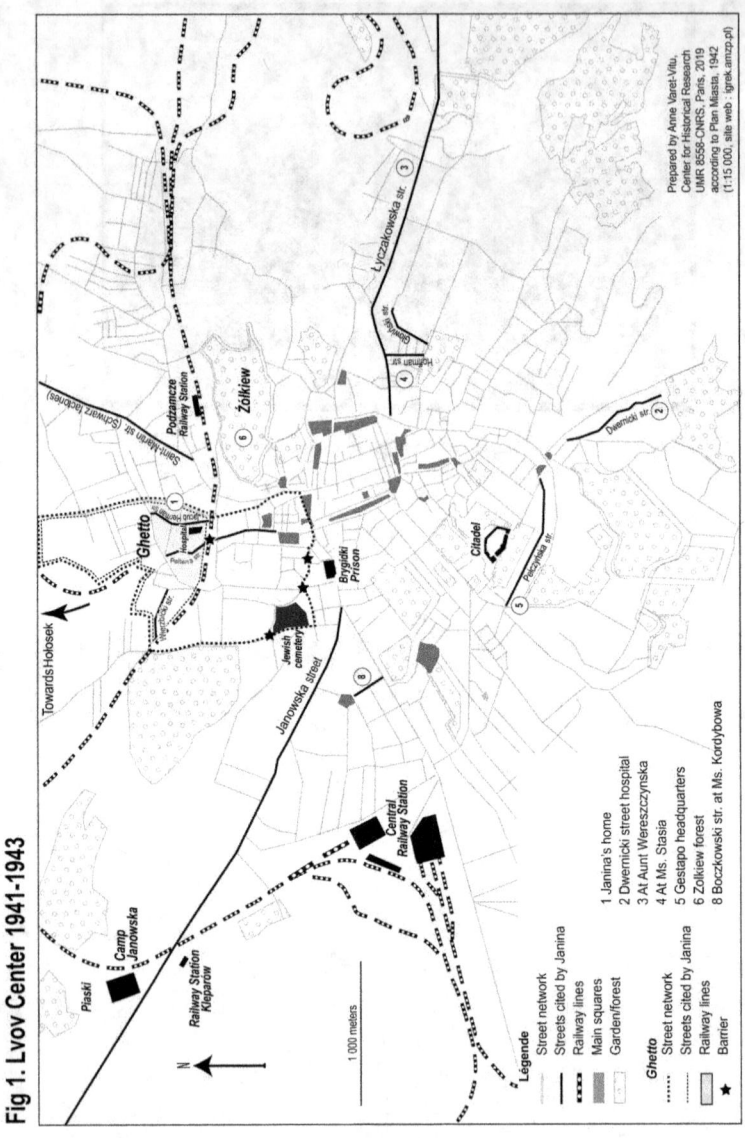

Centro di Leopoli

Fig 2. Lvov Centre, 1941-1943

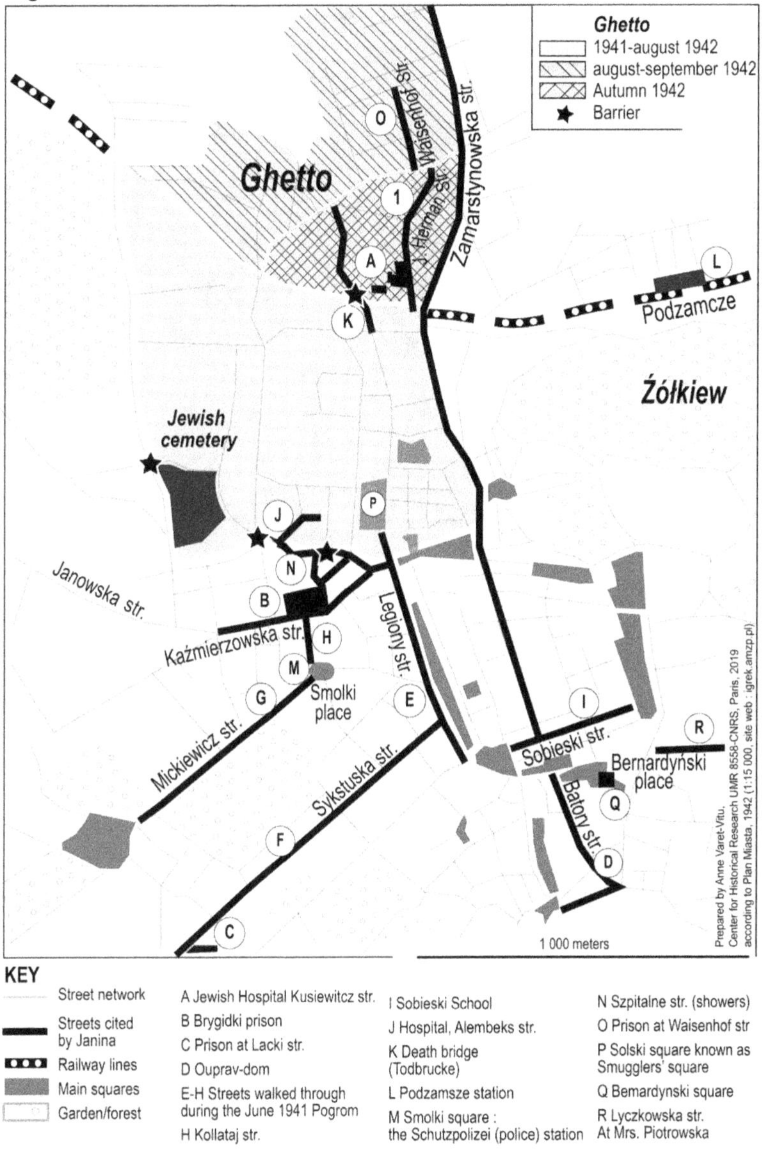

Ghetto
1941-august 1942
august-september 1942
Autumn 1942
Barrier
Ghetto
Waisenhof Str.
J. Herman Str.
Zamarstynowska str.
Podzamcze
Żółkiew
Jewish cemetery
Janowska str.
Kaźmierzowska str.
Legiony str.
Smolki place
Mickiewicz str.
Sykstuska str.
Sobieski str.
Bernardyński place
Batory str.
1 000 meters
Prepared by Anne Varet-Vitu.
Center for Historical Research UMR 8558-CNRS, Paris, 2019
according to Plan Miasta, 1942 (1:15 000, site web : igrek.amzp.pl)
KEY
Street network
Streets cited by Janina
Railway lines
Main squares
Garden/forest
A Jewish Hospital Kusiewitcz str.
B Brygidki prison
C Prison at Lacki str.
D Ouprav-dom
E-H Streets walked through during the June 1941 Pogrom
H Kollataj str.
I Sobieski School
J Hospital, Alembeks str.
K Death bridge (Todbrucke)
L Podzamsze station
M Smolki square : the Schutzpolizei (police) station
N Szpitalne str. (showers)
O Prison at Waisenhof str
P Solski square known as Smugglers' square
Q Bernardynski square
R Lyczkowska str. At Mrs. Piotrowska

Centro di Leopoli

1
PAPÀ TORNA A CASA

Ricordo quel momento come uno dei più belli in assoluto. Qualcuno stava cercando di svegliarmi con dei baci. Io lo cacciai via mormorando sottovoce, "voglio dormire ancora, nonno". I baci continuavano. Ero un po' sorpresa perché non ero abituata a ricevere così tanto affetto, e il nonno non era certo uno da baci. Mi strofinai gli occhi e quando mi resi conto che l'uomo davanti a me non era il nonno mi infastidii. Dopotutto, papà mi visitava solo nei sogni e ora era lontano, in Siberia.

L'uomo pelato davanti a me intanto continuava ad abbracciarmi e a baciarmi. Notai che era vecchio e sporco ed era vestito di stracci. Cercai di concentrarmi sulla sua faccia, iniziando così a distinguere i tratti del suo viso di cui avevo così spesso sentito la mancanza. Cominciai a piangere.

Nel frattempo, la mamma restava in piedi di fianco al letto, osservandoci, pallida e silenziosa. Tutti e tre ci guardammo attorno increduli. Tatusch (il soprannome di papà) non poteva credere di essere lì, con sua moglie e sua figlia, in una cameretta con dei mobili e col pavimento lucidato.

La prima notte che passammo assieme la passammo in silenzio.

Solo anni più tardi capii veramente cosa fosse successo. Nel settembre 1939 mio papà e suo fratello, Mundek, anche lui un giornalista del *Chwila*[1], erano fuggiti da Leopoli poco prima dell'invasione tedesca ed erano appena ritornati a casa.

Siccome eravamo stati cacciati dal nostro appartamento e ci eravamo trasferiti dai nonni nel quartiere ebraico, al numero 14 di via Jakub-Herman, di fronte al mulino a vento, mi dovevo alzare alle 5 di mattina perché la scuola polacca che frequentavo era molto lontana. Ora che finivo di farmi le trecce ai capelli erano già le 5:30 e non avevo più tempo per fare colazione. Io, mamma e papà, per non svegliare i nonni, attraversavamo in punta dei piedi la stanza dove dormivano. Poi uscivamo di casa insieme, la mamma andava all'ospedale dove lavorava, e io andavo a scuola. Papà, adesso che era di nuovo a casa, ci accompagnava fino alla fermata del tram e ci salutava con un bacio prima che ognuna andasse per la propria strada.

Sia il lavoro della mamma che la scuola iniziavano alle 7 in punto. A mezzogiorno andavo sempre all'ospedale per salutarla, pranzare con lei e fare i compiti. Mentre lei lavorava in ospedale io stavo con zia Reiss, una cugina di papà, in via Fredry. La sua amica Jadzia Piotrowska mi ci portava dopo scuola. Poi, andavo al teatro per le lezioni di danza classica e tornavo a casa entro le 18.

Una volta a casa, trovavo papà coricato sul divano con la stanza piena di fumo. Spegnevo la luce e andavo a sdraiarmi di fianco a lui. La mamma non sarebbe arrivata prima delle 22 perché dopo il lavoro andava a un corso serale sulla storia del partito comunista. Cenavamo tardi tutti e tre insieme, e poi andavamo a letto – io sdraiata in mezzo tra di loro. Questa era la parte più bella della giornata per me. Dopo un po' mi alzavo e andavo sul divano dove papà mi cantava una canzone per farmi addormentare.

La vita in prigione aveva davvero indebolito il suo sistema nervoso, perciò faceva fatica a dormire. La notte la passava un po' al fianco della mamma a letto, un po' con me sul divano, fumando di continuo nel frattempo. Non riusciva a trovare un lavoro. Andò a

Trouskavets, uno dei villaggi limitrofi, ma due giorni dopo tornò indietro senza aver trovato nessun lavoro.

Le domeniche la mamma puliva la stanza da cima a fondo mentre io e papà andavamo fuori. A volte andavamo a prendere un gelato da Zalewski, altre, semplicemente, a fare una passeggiata.

Le persone che ci conoscevano avevano troppa paura per salutarci perché sapevano che papà era stato in prigione. Fingevano di non vederci. Perfino il cugino di papà, che aveva solennemente promesso di prendersi cura di noi mentre papà era lontano, iniziò a ignorarci quando ci vedeva per strada.

Papà aveva tre amici: Rotfeld, Jolles e Bristiger. Prima della guerra, dott. Kurzrok, un cliente, mandava sempre a papà diversi tipi di articoli da pubblicare nel giornale. Papà era il capo redattore di *Chwila* (trad. "Il Momento"), un quotidiano ebraico che veniva pubblicato in polacco prima della guerra. Dott. Kurzrok era in quel momento il rettore della scuola di medicina, e papà stava pensando di chiedergli aiuto per trovare un lavoro. Ma poi, all'improvviso, scoppiò la guerra.

---

1. *Chwila* era un quotidiano molto famoso con due edizioni, quella della mattina e quella serale. Fu fondato nel 1919 da Gerszon Zipper, il fratello di mio padre, poco dopo il pogrom del 1918. Il giornale aveva anche un supplemento letterario molto popolare tra i non-ebrei, e uno per i bambini, *Chwilka* (trad. "Il Piccolo Momento").

2
I TEDESCHI IRROMPONO IN CITTÀ. IL PRIMO POGROM

Il 22 giugno 1941 i tedeschi attaccarono l'esercito sovietico (Operazione Barbarossa), e i russi cominciarono la ritirata, abbandonando la città man mano che l'esercito tedesco si avvicinava.

La mamma accompagnò papà a casa di sua cognata, zia Marysia, in via Lyczakowska, così che potesse rimanere lì, al sicuro, finché la situazione in città non si fosse calmata. Zia Marysia però non era a casa. Assieme alle figlie si era rifugiata in via Glowinski per proteggersi dalle esplosioni, quindi papà rimase a casa della zia da solo.

I tedeschi arrivarono lunedì 30 giugno, 1941.

Mamoushia, il nomignolo della mamma, lavorava come segretaria all'ospedale, al numero 54 di via Dwernicki, ma da quando era scoppiata la guerra aveva iniziato a fare l'infermiera.

Andò in ospedale per lavorare ma sapevo che era preoccupata per la nonna e il nonno che aveva lasciato a casa da soli. Allo stesso tempo, almeno, era sollevata di non doversi preoccupare per papà. Io, invece, ero a casa poiché la signora Jadzia Piotrowska non era ancora venuta a prendermi.

Durante tutto il giorno e tutta la notte si sentiva il rumore delle esplosioni.

Il martedì, alle 4:30 di mattina, sentimmo bussare alla porta mentre stavamo ancora dormendo. Pensai fosse la signora Jadzia, invece era papà. Ci diede del lardo e del pane da parte della zia, ci ordinò di vestirci e lo seguimmo fuori di casa.

Dopo le esplosioni Leopoli divenne una città totalmente diversa. Irriconoscibile. Le bandiere ucraine, blue e gialle, sventolavano di fronte ai cancelli della città. Le saracinesche dei negozi erano distrutte e i negozi ebrei erano stati tutti saccheggiati. Le strade erano piene di macchine e le biciclette erano addobbate con dei fiori.

Attraversammo la città a piedi per andare a trovare un amico di papà, Adolf Rotfeld, in via Batory. Rotfeld era incaricato della gestione degli edifici del quartiere. Aveva dato l'ordine di consegnare tutte le radio.

Papà gli consigliò di dar fuoco a tutti i registri così che fosse più difficile per i tedeschi sapere esattamente chi fosse stato in possesso di una radio. Papà e Rotfeld iniziarono a litigare, e, alla fine, Rotfeld consegnò anche la sua di radio. Papà invece si rifiutò e, nonostante gli avvertimenti e gli scoraggiamenti di Rotfeld, decise di andare all'incontro a casa del Rabbino Levin, per discutere la fondazione del *Judenrat* (Consiglio comunitario ebreo).

Stavo camminando di fianco a papà mentre Rotfeld portava la sua radio di fianco al suo impiegato. Per strada, ovunque, c'erano degli uomini ucraini armati con mazze di legno e di ferro, le cui urla si sentivano da tutte le parti.

All'angolo di via Legony, papà incrociò un'amica e si fermò a parlare con lei. Rotfeld lo superò e proseguì la camminata. Dopo qualche minuto, l'impiegato che stava accompagnando Rotfeld tornò indietro e mormorò qualcosa in tedesco all'orecchio di papà. Papà cambiò immediatamente direzione: imboccammo via

Sykstuska. Aveva un'aria così preoccupata che gli chiesi cosa stesse succedendo, ma lui non mi rispose.

Di fronte alla posta vedemmo un gruppo di persone con in mano delle vanghe e un gruppo di ucraini che picchiavano degli ebrei gridando "*Jude! Jude!*".

Papà cambiò di nuovo direzione: mi condusse verso via Mickiewicz per visitare un altro amico, il dott. Jolles. Mi fecero sedere su una poltrona con dei libri e dei dolcetti mentre loro discutevano sottovoce in un angolo.

I bisbigli mi sorpresero: fuori in strada si sentivano solo urla. Papà si alzò all'improvviso, guardò l'orologio e prendendomi per mano ce ne andammo di fretta.

Ci fermammo dalla signora Nunia Blaustein che ci aspettava in piedi all'entrata dell'edificio. Disse che per noi era pericoloso stare per strada e ci pregò di rimanere da lei e non andarcene. Lei stessa, disse, era stata fermata per strada e molestata dagli ucraini. La lasciarono andare solo quando confessò che stava tornando a casa dopo essere stata in chiesa.

Papà mi diede un bacio e disse: "Yania, hai dieci anni ormai e sta a te essere indipendente. Non ti preoccupare di quello che fanno gli altri. Devi essere coraggiosa". Mi diede un altro bacio e disse che doveva andare.

Pian piano iniziai a metabolizzare quello che stava succedendo. Sentivo di voler piangere, ma papà mi disse: "Se mi vuoi bene va', sii coraggiosa e non piangere mai. Piangere è umiliante, che sia per gioia o tristezza. Ora va' a casa e lasciami qui".

Lo abbracciai e baciai per l'ultima volta e me ne andai. Quando arrivai all'angolo della strada mi guardai indietro. Vidi papà in piedi davanti alla cancellata che mi mandava baci da lontano.

Attraversai via Kolontai, che è dove papà sarebbe dovuto andare per l'incontro a casa del Rabbino. La strada era affollata di giovani che picchiavano gli ebrei con mazze, manici di scopa e pietre. Portarono gli ebrei in via Kazimierowska a Brygidki.

Mi misi a correre per attraversare quella parte della strada e girai l'angolo in via Legionov. Anche qui vidi degli ebrei che venivano presi a botte e bastonati. Anche da qui la gente veniva sequestrata e portata a Brygidki per liberare la strada dai corpi senza vita.

Volevo tornare indietro a Zamarstynowska ma continuai a camminare in via Pshedshkola. Vidi dei bambini di sei anni strappare i capelli alle donne e la barba agli uomini. Le grida e i pianti erano sempre più forti.

Chiusi gli occhi, mi coprii le orecchie e corsi verso casa più veloce che mai.

Finalmente arrivai. Tutti gli inquilini del nostro edificio erano preoccupati. Nessuno osava mettere piede in strada.

All'improvviso, degli ucraini fecero irruzione nell'edificio e iniziarono a sequestrare persone dicendo che le stavano portando a lavorare.

La nonna era malata. Il nonno e un vicino di casa vennero nella nostra stanza mentre la nonna cercava di bloccare la porta con un armadio. Bibrowa, la nostra vicina, si nascose con noi, lasciando i suoi figli con degli altri vicini. Né le donne né i bambini vennero sfiorati ma tutti gli uomini furono costretti ad abbandonare l'edificio. Tornarono solo la sera, coperti di sangue. Erano stati costretti a consegnare tutti gli oggetti di valore che avevano con loro.

Erano le 18. La signora Piotrowska ancora non era arrivata e nemmeno papà era ritornato. Pensai che fosse andato a trovare zia Marysia. Per strada si sentivano ancora urla.

La nonna mi disse di andare a letto; io obbedii ma non mi tolsi i vestiti. Passai la notte seduta sul divano con addosso il mio vestito.

Il giorno dopo, il mercoledì, sentimmo di nuovo bussare alla porta. Io ero felice perchè pensavo fosse papà, invece era il nostro vicino, Wurzl. Era venuto ad avvertirci che molta gente era stata arrestata in via Zamarstynowska.

Bussarono di nuovo un'ora dopo. Era la signora Piotrowska questa volta, finalmente. Era venuta a prendermi per portarmi da zia Marysia che nel frattempo era tornata a casa con le figlie. Entrambe erano bionde, una aveva dieci anni e l'altra nove.

Mamoushia arrivò nel pomeriggio. Quando realizzò che papà non c'era decise di andare dal signor Rotfeld. Lì, scoprì che Rotfeld era stato ferito brutalmente, aveva perso la vista ed aveva un paio di costole rotte ma non riuscì ad ottenere nessun'altra notizia. Poi, andò a casa del Rabbino dove trovò solo la moglie, la signora Levin. Disse alla mamma che il Rabbino era andato a casa di Szeptycki – il Patriarca della Chiesa Greco-Cattolica – e non era ancora tornato.

Di papà non c'era traccia e iniziammo a preoccuparci. Una volta che Rotfeld si riprese un po', disse alla mamma che era stato picchiato nella prigione di Lontski ma mentre era lì non aveva visto papà. Altri, che erano stati portati lunedì alla prigione di Pelczynska, dissero alla mamma che papà non era neanche là, e neanche nella prigione di Zamarstynowska.

La mamma venne a sapere che 200 persone erano state uccise in via Kazimierzowska, a Brygidki. Alcuni dissero di aver visto papà insieme al Rabbino Levin, di ritorno dalla casa di Szeptycki. Altri dissero di aver visto il corpo di Levin abbandonato di fronte all'entrata della sua abitazione. Altri ancora giurarono di aver visto il corpo di Levin a Brygidki. Erano tutte voci, di certo non c'era niente.

Dopo una settimana, tornai a casa dalla nonna.

Fu emanato un ordine per tutti gli ebrei di pagare 200.000 rubli entro due settimane. Fu fondato il *Judenrat*: era composto da sette membri, Joseph Parnes era il presidente, Adolph Rotfeld il suo vice.

Da quel momento, tutti gli ebrei che avevano più di 14 anni dovevano indossare una fascia bianca sul braccio.

La mamma fu licenziata dall'ospedale perché era ebrea. Ora doveva stare attenta quando andava in giro perché poteva essere arrestata. Quando le strade erano più calme andammo a casa di suo fratello, Jerzy Blumenthal. La zia, Sala Blumenthal, preparava sempre le patate con le verdure perché erano più facili da trovare nel loro quartiere.

A volte andavo dai Blumenthal con mia cugina Klara che aveva sedici anni. Klara si toglieva la fascia al braccio quando ci avvicinavamo al pescivendolo, prima di mettersi in coda. Veniva a trovarci ogni settimana col fratellino Gustak di dodici anni e suo padre. Sua mamma morì prima della guerra, il che era stato un durissimo colpo per Gustak che le era molto attaccato. Quando morì, Gustak iniziò a sviluppare una malattia nervosa.

Una mattina, giovedì 26 luglio, la mamma decise di andare da zio Jerzy. Le strade sembravano essere tranquille. Uscimmo di casa. Al cancello un uomo scalzo giaceva per terra, gemendo, coperto di sangue. All'improvviso due uomini vestiti di blu e con fasce gialle al braccio vennero verso di noi gridando: "Vada al lavoro signora! E la bambina a casa!"

Corsi a casa e la mamma andò alla scuola Sobieski dove lavorava come addetta alle pulizie. Fortunatamente, aveva trovato un nuovo impiego ma io ero comunque ancora preoccupata per lei. La sera tornava a casa così stanca e affamata e noi non avevamo niente da mangiare.

Nemmeno il giorno seguente fu tranquillo. Ad ogni angolo c'era qualcuno che veniva arrestato. C'era un pogrom in corso perché l'ucraino Symon Petliura era stato ucciso da un ebreo a Parigi. (Il suo assassinio ebbe luogo nel 1926.)

Quella sera bussarono di nuovo alla porta. Il nostro vicino si trovava in piedi davanti alla porta, Gustak stretto tra le braccia – aveva perso i sensi e aveva il viso grigiastro e gonfio. Lo sdraiammo, gli togliemmo i vestiti e ci prendemmo cura di lui finché non riprese i sensi. Sanguinava da una spalla e il suo corpicino era coperto di lividi violacei causati dalle botte che aveva ricevuto.

Gustak lavorava come fattorino per il *Judenrat*, quella sera, mentre stava tornando a casa, venne fermato da un gruppo di ucraini e portato alla prigione di Lontski assieme ad altri. Lì, fu picchiato senza motivo finché non riuscì a scappare.

Sabato ci furono nuovi arresti. Domenica fu tranquilla.

Andai da Klara e zio Mundek per sapere come stavano. Fortunatamente, sembrava stessero bene.

Quando andai a trovare zia Sala la trovai in lacrime. Venerdì durante il pogrom la polizia tedesca era entrata in ogni casa in via Staszic arrestando tutti gli uomini, incluso zio Jerzy. Cercai di confortarla dicendole che sicuramente sarebbe tornato a casa in qualche giorno ma per tutto il tragitto di casa mi sentivo molto triste. Raccontai tutto alla mamma ma non dissi niente ai nonni.

La mamma immediatamente andò alla prigione di Lontski dove le dissero che gli uomini erano stati portati fuori città. Passarono alcuni giorni e ancora non ricevemmo nessuna notizia. Zio Jerzy non ritornò più a casa.

Quando la mamma scoprì che il dott. Kurzrok aveva intenzione di aprire un ospedale per gli ebrei, andò subito a parargli e venne nominata direttrice del nuovo ospedale in via Alembek. Fu il primissimo membro dello staff.

L'edificio che ora ospitava l'ospedale era una volta, prima della guerra, una scuola. I letti furono recuperati da una vecchia prigione. Ogni mattina accompagnavo la mamma al lavoro e la andavo a trovare ogni sera.

Un giorno, un insegnante del liceo di nome Professor P. venne a casa nostra per darci delle notizie su papà. Prof. P. era alto e magro con dei piccoli baffetti e i capelli neri. Volevo correre a chiamare la mamma ma Prof. P. disse di andare di corsa a casa della signora

Levin in via Kollontai. Mi affrettai comunque a prendere la mamma e andammo insieme dalla signora Levin.

Quando arrivammo, Prof. P. era già lì e stava bevendo vodka con un altro uomo ebreo. Ne versarono anche per la mamma ma lei la rovesciò per terra senza farsi notare, così da mantenere la mente lucida.

Professor P. disse alla mamma che era venuto a sapere dall'arcivescovo Szeptycki che papà e il Rabbino erano vivi. Disse che se la mamma e la signora Levin avessero pagato 3.000 zloty a testa, avrebbero fatto avere ad entrambe le firme dei mariti come prova. La signora Levin accettò subito e, una settimana più tardi, ricevette un pacchetto di sigarette con la firma del Rabbino.

La mamma, invece, volendo essere cauta chiese consiglio a Rotfeld. Lui le disse: "Se tuo marito è a Leopoli con la Gestapo, allora tornerà a casa. Il comitato può pagare il suo riscatto. Ma tuo marito non è a Leopoli e il Rabbino non è vivo, di questo almeno sono sicuro".

La mamma chiese se fosse una buona idea domandare che le facessero avere il soprannome con cui papà mi chiamava, invece della firma. Era una cosa che non potevano falsificare perché nessuno di loro lo conosceva, quindi fece così. Le avrebbero dovuto dare una risposta entro una settimana. Passò un mese ma non rivedemmo più né Professor P. né l'altro uomo ebreo.

Nel frattempo, il dott. Kurzrok aveva aperto un secondo ospedale al numero 5 di via Kursiewicz, molto vicino a casa nostra, e la mamma fu nominata direttrice. Tuttavia, siccome era troppo per lei da gestire, rimase solo segretaria. Labiner fu nominato direttore al suo posto.

La mamma aveva un altro fratello che viveva a Nemyriv, un centro urbano vicino a Rava-Ruska, sul confine con l'Ucraina. Aveva due figlie: Lusia aveva quattordici anni e la più piccola, Roma, ne aveva otto. Ogni giorno ci spedivano del cibo.

Pian piano Leopoli divenne più tranquilla ma la città era stata radicalmente cambiata; ora c'erano dei vagoni del tram con la scritta in tedesco "Solo per gli Ebrei". Venne anche instaurata una forza di polizia ebrea.

Mamoushia voleva che continuassi a studiare. Avevo dieci anni a questo punto e andavo a lezione tre volte a settimana. Eravamo un gruppetto noi bambini: Cesia Kolin, Alma Zellermaier, Alma Jolles, Kuba Liebes, e io. Ogni due settimane cambiamo luogo di studio. La nostra insegnante era la signora Wasserman.

Il padre di Cesia lavorava come costruttore in via Janowska, dove stavano costruendo delle caserme. Un giorno, dopo il lavoro, impedirono a lui e ad altri lavoratori di tornare a casa e li costrinsero a dormire nelle caserme che avevano appena finito di costruire. Gli fecero togliere le fasce dalle braccia e al loro posto gli fecero indossare dei triangoli gialli sul petto e sulla schiena. Cesia piangeva. Ogni giorno andava a portare pacchetti a suo fino a quando, un giorno, non la vedemmo più a scuola.

Affissero un cartello sopra l'entrata delle caserme: "Campo di lavoro forzato". Era lì che venivano portati tutti gli uomini. Le loro condizioni erano davvero brutte e venivano picchiati senza pietà. Le persone di quel posto mi sembravano dei morti viventi, come degli scheletri che camminano.

L'inverno si avvicinava. Il dott. Kurzrok fondò un secondo ospedale per le malattie infettive per i prigionieri del campo. L'ospedale in via Alembek fu spostato in via Kusciewicz. Così Mamoushia doveva andare al lavoro a soli pochi passi da casa.

3

IL QUARTIERE EBRAICO

I tedeschi avevano avviato delle *Aktion* contro gli anziani. Mamoushia aveva iniziato a portare la nonna e il nonno con sé all'ospedale tutte le mattine quando andava al lavoro. Lì faceva molto freddo. Chiunque non abitasse nel quartiere ebraico veniva sfrattato. Adesso, infatti, zia Sala viveva con noi. Quando si trasferì ci portò del carbone per scaldare la casa.

Il presidente del *Judenrat*, il dott. Joseph Parnas, fu arrestato non appena si rifiutò di collaborare coi tedeschi. Venne portato in via Pelczynska e giustiziato. Rotfeld divenne il nuovo presidente e Landesberg il suo vice. Agli ebrei non era più permesso passare sotto al ponte in via Zamarstyonowska, ma solo sotto il ponte in via Peltewna. I membri della *Schupo* (*Schutzpolizei*) erano appostati lì sotto e arrestavano i passanti a loro piacimento. Quel ponte venne soprannominato "Ponte della morte".

Io e Alma Zellermayer, la mia vicina di casa, eravamo le uniche due bambine rimaste nella nostra classe. La signora Wasserman aveva una sorella che lavorava in ospedale, la quale le procurò una fascia da lavoratore sanitario così che potesse venire da noi. Fu così che potemmo continuare la nostra educazione.

Fuori faceva freddissimo. La mamma di solito non lavorava la domenica ma ora doveva andare a spalare la neve dalle strade della città assieme agli altri impiegati dell'ospedale.

Il dott. Kurzrok e il dott. Labiner erano anche loro lì, in prima fila; la moglie del dott. Kurzrok, una donna bellissima, era lì con lui. Chi non fosse uscito a spalare la neve sarebbe stato licenziato. A zio Mundek si congelarono i piedi. Gustak fu esonerato solo quando gli vennero delle ustioni di secondo grado su mani e piedi.

Il cugino della mamma, Jacob Hirsch, fu costretto ad abbandonare il suo appartamento la domenica in cui sarebbe dovuto andare con gli altri a spalare la neve, e siccome aveva già molto da fare a causa del trasloco non poté aiutare. Fu licenziato. Mentre girava per la città alla ricerca di un altro impiego gli vennero rubate tutte le cose che aveva lasciato a lato della strada fuori dalla vecchia abitazione. Tutto ciò che gli rimase erano i vestiti che aveva addosso. Fortunatamente, trovò presto un lavoro come addetto alla pulizia delle bottiglie a *Rohstoff*, una compagnia di riciclaggio dei rifiuti.

A Natale, zia Marysia mi invitò a stare da lei per un po'. Per non causarle imbarazzo la andai a visitare senza indossare la mia fascia bianca al braccio, anche se la legge in quel momento diceva che tutti gli ebrei sopra i dieci anni dovevano portarne una. Stare da zia Marysia voleva dire che potevo mangiare e giocare quanto volevo.

Tornai a casa solo il 2 gennaio, il giorno del mio undicesimo compleanno. Tutta la famiglia era contenta di vedermi. Zia Sala preparò una torta, zio Leon mi mandò dei libri da Nemyriv e la mamma mi regalò una tavoletta di cioccolato. L'11 gennaio era il compleanno della mamma. Siccome era malata venne esonerata dallo spalare la neve. Zia Sala preparò un'altra torta, e io gliela portai a letto. Avevo indosso un pigiama e un grembiulino bianchi, e, con la torta in mano, ballavo al ritmo de "Il giovane cuoco".

Anche zio Mundek fu sfrattato, insieme ai suoi figli, Gustak e Klara, e la sua seconda moglie, Rena Blumenthal. Si trasferirono tutti a casa nostra. Andarono a vivere in una delle stanze con il nonno e la nonna, condividendo la cucina. Io e Mamoushia, zia Sala e zio Hirsch vivevamo nell'altra stanza. Avevamo un piccolo forno e zia Sala cucinava per noi.

L'appartamento era costantemente in disordine. Siccome non c'era abbastanza spazio per tutti spostammo delle cose nello scantinato. Gustak non andava d'accordo con la matrigna, Rena: litigavano così spesso che a un certo punto Rena si rifiutò di cucinare per lui. La verità è che Gustak era malato mentalmente e nessuno di noi voleva prendersi cura di lui.

Un giorno, rubò e vendette tutti i vestiti della sorella, Klara: lei sapendo perché l'aveva fatto non gli disse niente. Quando Rena non era a casa Gustak veniva spesso nella nostra stanza e noi gli davamo qualcosa da mangiare. Anche sua sorella gli dava da mangiare di nascosto ogni tanto. A volte, quando aveva degli attacchi, iniziava a urlare e prendere a pugni tutto e tutti. Non c'era niente da fare. L'Istituto di cura per i malati mentali, il Kulparkow, era chiuso agli ebrei, e se l'avessimo dichiarato un malato mentale sarebbe stato ucciso. Dopo uno dei suoi episodi, una volta calmato, chiedeva sempre scusa.

In quel momento erano in corso diverse *Aktion* e molti ebrei venivano licenziati dai loro lavori. I disoccupati venivano prima radunati nella scuola vicino a Podzamcze e poi mandati al campo di concentramento di Belzec.

La gente veniva licenziata così: tutti ricevano una *Meldekarte* – una scheda di registrazione, emessa dall'ufficio del lavoro ebraico (*Arbeitsamt*). Per ogni lavoratore impiegato un'altra persona aveva il diritto a rimanere a casa per occuparsi delle faccende domestiche. L'ufficio dava a ogni lavoratore un certificato (*Haushalt*) e una fascia per il braccio per quella persona disoccupata a suo carico, che riportava il numero della scheda del lavoratore e la lettera A. Tutti coloro che non erano in possesso di una scheda venivano deportati.

Dopo che zio Hirsch trovò al nonno un lavoro, il nonno ottenne un *Medelkarte* e una fascia. La nonna aveva un *Haushalt* grazie al lavoro della mamma e del nonno. Klara ne aveva uno grazie al lavoro di Gustak, di suo papà e di Rena. Zia Sala ne aveva uno grazie a zio Hirsch.

Il presidente del *Judenrat*, Rotfeld, si ammalò improvvisamente e in poco tempo morì. Lo sostituì Landsberg. Ogni settimana il giornale ebraico veniva pubblicato a Cracovia e portato a Leopoli.

La primavera arrivò e passò in fretta, così come l'estate. Era il 1942. Ormai ero diventata amica di Alma perché studiavamo insieme. Avevo anche un'altra amica, Stenia Wildman. Spesso, noi tre andavamo insieme a fare delle lunghe camminate a Holosek, una città vicina a Leopoli. Mettevamo da parte il pane che le nostre mamme ci davano per colazione e lo portavamo ai prigionieri del campo che spaccavano pietre per il cimitero ebraico.

Un giorno, una guardia ucraina (*Askari*) ci sorprese a dare del pane ai prigionieri e ci fermò: voleva portarci davanti al direttore del campo perché quello che stavamo facendo era illegale. Per fortuna Stenia aveva con sé del tabacco con il quale riuscì a corrompere la guardia, che alla fine ci lasciò andare.

Ogni tanto la commissione ebraica ci mandava dei pacchetti di sostegno con delle provviste. Un giorno la mamma fu convocata dalla Croce Rossa, e io la accompagnai.

A quanto pare, qualcuno ci aveva spedito un pacchetto dalla Svizzera. Dopo qualche tempo, un altro pacchetto arrivò, questa volta dal Portogallo. Eravamo contentissimi delle sardine, del latte condensato e dei fichi, ma eravamo ancora di più commossi dal fatto che qualcuno di così lontano aveva pensato a noi. Non c'era mai nessuna informazione sul mittente.

Un giorno, Mamoushia si ammalò. Non riusciva a respirare. Erano le 23 e anche se agli ebrei non era permesso uscire di casa a quell'ora, io corsi all'ospedale. Il dottore di turno stava bevendo insieme al dott. Kurzkov, quindi me ne tornai a casa da sola.

La mattina dopo, dando alla mamma il termometro lo feci cadere per sbaglio e si ruppe. La mamma aprì il mio cassetto per prenderne un altro e appena lo aprì vide che era pieno di pane. Si rattristò tremendamente e io mi presi una sgridata. Da quel momento smisi di portare il pane ai prigionieri.

Alla comunità ebrea venne chiesta un'altra imposta: questa volta di sette milioni entro cinque giorni. La mamma passò giorno e notte a mettere insieme i soldi sufficienti. Alcuni nel quartiere erano preoccupati perché dovevano pagare e non avevano i soldi. Altri al contrario erano sollevati perché pensavano che dopo sarebbero stati lasciati in pace.

Dopo due giorni passati a raccogliere soldi, la mamma ricevette una chiamata dal *Judenrat*: suo fratello Leon, la moglie e i bambini erano stati mandati al campo di concentramento di Belzec a causa di un'*Aktion*. La mamma sentì che era sua responsabilità aiutarli e contattò il *Judenrat*. La nonna iniziò a piangere.

La mamma si recò alla *Gesundheitskammer* dal suo amico Blaustein, il direttore, il quale le promise che se ne sarebbe occupato immediatamente. Si rivolse al suo superiore tedesco che gli rispose soltanto che non avevano bisogno di un dentista ebreo.

L'imposta fu consegnata il sabato. Il lunedì successivo fummo svegliati alle 5 di mattina da colpi di fucile. La mamma si alzò in fretta e iniziò a svegliare tutti. Zio Hirsch corse direttamente al lavoro, io e la mamma andammo coi nonni all'ospedale. Gustak andò dalla Commissione Ebraica e Rena all'industria Schwarz mentre zio Mundek, Klara e Sala rimasero a casa.

4
LA 'GRANDE AKTION' DELL'AGOSTO 1942

I tedeschi diedero inizio ad un'altra *Aktion*. La *Schupo*, le SS e la polizia ucraina irrompevano nelle case e deportavano tutti i residenti. Urla e pianti erano gli unici suoni che si sentivano per strada, noi li sentivamo perfino dall'ospedale. Coloro i cui familiari erano stati portati via dalla polizia corsero dal dott. Kurzkov pregandolo di fare qualcosa per aiutarli. Kurzkov uscì per cercare di fare appello agli ufficiali tedeschi.

Al suo ritorno Kurzkov annunciò che l'ufficio del lavoro (*Arbeitsamt*) aveva sciolto il *Judenrat*, e da quel momento in poi tutte le questioni relative agli ebrei sarebbero state gestite dalle SS. Ogni lavoratore in possesso di una *Medelkarte* doveva consegnarla alle SS per ottenere un nuovo timbro. Senza quel timbro si veniva licenziati. I certificati di coloro che non erano impiegati ma restavano a casa (*Haushalt*) potevano essere timbrati direttamente all'ufficio ospedaliero con il timbro dell'ospedale. Le *Medelkarten* dei lavoratori invece dovevano essere cedute momentaneamente agli ufficiali tedeschi che le avrebbero fatte timbrare nel pomeriggio. Nel frattempo, l'ufficio ospedaliero avrebbe distribuito dei certificati temporanei che dimostravano che il possessore aveva consegnato la propria *Medelkarte* ed era quindi un lavoratore.

Il nonno diede il suo certificato a zio Hirsch. Mamoushia falsificò per sé un permesso ospedaliero che fece firmare dal signor Labiner. Quella sera, zio Hirsch tornò con il suo certificato timbrato ma senza quello del nonno. Disse che per far firmare anche quello del nonno, dovevano pagare 5.000 zloty. Senza pensarci due volte la mamma andò a prendere i soldi.

La notte la gente dormiva sulle sedie e sui tavoli dell'ospedale. La nonna e il nonno dormivano in infermeria.

Il giorno seguente ci svegliammo col rumore del motore dei furgoni all'entrata dell'ospedale. La mamma si tolse il grembiule bianco e lo diede al nonno. All'improvviso dei medici, spalancando la porta dell'infermeria, gridarono: "Scappate! Salvatevi se potete! Noi non possiamo aiutarvi!"

I nonni corsero verso le scale. Il nonno ritornò subito indietro senza il grembiule che gli aveva dato la mamma. Scrisse un paio di righe su un pezzo di carta, tirò fuori il portafoglio e li diede entrambi al dott. Mehrer pregandolo di darli entrambi alla mamma. La nonna afferrò ago e filo e si infilò in uno sgabuzzino: se fosse entrato qualcuno avrebbe potuto fingere di essere una sarta intenta a riparare camici e materassi.

I tedeschi fecero irruzione nell'ufficio gridando ordini. Fecero alzare tutti e diedero l'ordine di mettersi in linea. Scrutando la stanza i soldati notarono me e un'altra bambina. Io ero in piedi di fianco alla mamma, l'unica senza grembiule.

"Vieni!" mi ordinarono. Uno dei tedeschi mi colpì con una mazza di legno. La mamma puntando il dito verso di me disse: "questa è mia figlia", ma non la degnarono neanche di uno sguardo. Io e l'altra bambina fummo cacciate fuori. Gli impiegati dell'ospedale, intanto, stavano caricando dei pazienti sui furgoni. Uno di loro indicando la mamma disse, "lei fa parte dello staff". Il soldato tedesco lo colpì con la mazza e chiese alla mamma di mostrargli il suo certificato. Lei tirò fuori dalla borsa i suoi documenti e il certificato dal Ministero della Salute.

Quando i tedeschi se ne andarono la signora Redil, la dattilografa, gettando le braccia al collo della mamma, la abbracciò. Intanto la polizia ebrea aiutata dallo staff continuava a caricare pazienti sui furgoni.

Mentre noi eravamo fuori i tedeschi avevano trovato il nonno in infermeria e lo avevano portato via con loro. Lui non fece resistenza. Andò con loro senza nessuna protesta: aveva già trasmesso i suoi ultimi desideri alla mamma grazie al dott. Mehrer.

La mamma era molto agitata e si calmò solo quando rientrammo in ospedale. Non appena entrammo il dott. Mehrer ci venne incontro e, senza dire una parola, diede alla mamma il pacchettino che il nonno gli aveva affidato. La mamma era convinta che i nonni fossero entrambi al sicuro perché nella tasca del grembiule che gli aveva dato c'erano due certificati.

Solo nel pomeriggio quando la mamma aprì il pacco capì cosa fosse veramente successo ed iniziò a piangere. La sera, quando lo zio Hirsch tornò da lavoro, portò con sé il certificato per il nonno. Purtroppo era troppo tardi.

L'*Aktion* durò una settimana. Mercoledì deportarono zia Sala. Sabato le cose si calmarono un po', e domenica tornammo a casa con la nonna.

Venimmo a sapere che zio Mundek era rimasto nascosto tutta la settimana dietro alla porta del bagno e che Klara aveva fatto lo stesso nell'altro bagno dell'edificio. Gustak invece si era nascosto in un bidone dell'immondizia. Per fortuna stavano tutti bene.

Lunedì ebbe inizio un'altra *Aktion*. La gente ora dormiva sui materassi dell'ospedale. Un'addetta alle cucine dell'ospedale, Kudyszowa, aveva spesso attacchi isterici e si svegliava nel pieno della notte urlando: "Ci sono delle macchine davanti all'ospedale!" la prima notte ci svegliammo tutti di colpo, spaventati, ma dopo un po' iniziammo ad ignorarla.

Kurzkov portò alcuni certificati firmati dall'ufficio. Questa volta anche la mamma ne ottenne uno.

Inaspettatamente mi venne la febbre: 39.8°. La mamma mi fece sdraiare in un letto dell'ospedale dove prima aveva dormito un altro paziente. Il giorno dopo trovò delle pulci nel mio pigiama. La febbre ancora non si abbassava.

L'*Aktion* ancora non era terminata. Dalle finestre dell'ospedale si poteva vedere il palazzo dove abitavamo, così, quando la polizia arrivò al nostro appartamento, Mamoushia passò la giornata davanti alla finestra per cercare di vedere se zio Mundek, Klara e Gustak fossero stati scoperti o no. Per le strade i bambini raccattavano i vestiti e le cose della gente che veniva sfrattata dalle proprie case e deportata, e andavano in giro con addosso abiti, cappotti e scarpe. La mamma vide la polizia arrestare Klara.

Sabato la situazione si calmò di nuovo. Volevamo tornare a casa il giorno dopo ma la febbre non accennava ad abbassarsi.

Durante la notte precedente Kudyszowa si era svegliata gridando che c'erano di nuovo delle macchine fuori dall'ospedale. Nessuno le diede retta perché ormai tutti erano abituati alle sue urla. Poco dopo, tuttavia, degli uomini fecero irruzione in ospedale gridando ordini: "*Heraus! Heraus!*" (Fuori! Fuori!).

La mamma mi vestì in un attimo e in un batter d'occhio eravamo fuori con gli altri, allineati contro la parete dell'ospedale. Quando la mamma fece per andare in infermeria dove si trovava la nonna, la signora Redil la fermò afferrandole il braccio e le disse: "Una figlia è più importante di una madre".

I tedeschi iniziarono a dividere le persone in gruppi. Il dott. Yurim venne assegnato a un gruppo diverso da quello di suo figlio, ma siccome né la moglie né i figli volevano separarsi da lui, lo seguirono volontariamente. Presero la mamma di Yanka Glasgal per essere deportata e, per non restare sola, anche Yanka la seguì. A coloro che furono risparmiati vennero dati una serie di ordini: "A terra! In piedi!" e infine "Al lavoro! Ora!".

Le cucine si affrettarono a preparare la colazione ai tedeschi. Un'ora più tardi Landesberg arrivò e annunciò a tutti che *l'Aktion* si era appena conclusa. Si era annunciata anche la chiusura del ghetto ebraico, programmata per il 7 settembre.

Tornammo a casa sapendo che l'avremmo trovata vuota. Almeno fisicamente, però, mi sentivo meglio.

Il giorno successivo la zia Reis, la sorella di papà, venne a trovarci assieme a suo marito e al figlio e chiese alla mamma se potessero rimanere a vivere con noi. Dopo di lei anche un impiegato, Brat, e sua moglie arrivarono domandando la stessa cosa. Brat era un amico di papà che lavorava per il giornale. Lasciammo che anche la signora Redilova e sua mamma vivessero con noi.

Brat lavorava per l'ufficio per gli alloggi (*Wohnungsamt*) da cui aveva ricevuto un permesso per entrare in uno degli appartamenti nel nostro palazzo. Una volta ottenuto, però, un'altra donna, una parrucchiera, arrivò con un permesso identico a quello di Brat per occupare lo stesso appartamento. Iniziarono a litigare per decidere chi l'avrebbe preso, ma dal momento che la donna era la parrucchiera di Ulrich, il comandante tedesco di Leopoli, alla fine ottenne lei l'autorizzazione ad entrare.

5

NELLA PARTE ARIANA

Zia Reis disse alla mamma che c'era un modo per farmi uscire dal ghetto e portarmi al sicuro nella parte ariana, e che conosceva qualcuno disposto a farlo. Mamoushia chiese come avrebbe fatto, volle sapere passo per passo i dettagli della fuga e dove esattamente sarei stata portata. Zia Reis disse che Bobak, un amico del fratello della domestica di zia Reis, Jozia Twardowska, mi poteva far uscire dal ghetto. Bobak, arrivando da Stary Sacz, mi avrebbe portato al suo villaggio.

Ci dissero che coi giusti documenti si sarebbe organizzato tutto. La mamma doveva farsi fare dei documenti falsi per me, e avrebbe pagato Jozia attraverso zia Reis. La domestica avrebbe poi dato i soldi al fratello che a sua volta li avrebbe dati a Bobak a rate. La mamma accettò l'accordo: sapeva fin troppo bene che tipo di futuro avrei avuto se fossi rimasta nel ghetto.

Per farmi fare i documenti necessari andai da zia Marysia. Rimasi sconvolta quando si rifiutò in tutti i modi di falsificare per me un certificato di nascita o qualsiasi altro documento. L'unica cosa che era disposta a darmi era il certificato scolastico della sua figlia più piccola, Lala, risalente all'epoca russa. Per fortuna, alla fine la mamma la convinse a falsificare un certificato di nascita in cambio di soldi.

Mi trovavo ancora nel ghetto quando Landesberg e undici altri membri della polizia ebraica furono impiccati proprio di fronte a casa nostra, nel quartier generale del *Judenrat* in via Jaakova Hermana, all'angolo di via Lokaitka.

Non si sapeva ancora bene dove sarei stata portata. Prima passai un paio di giorni a casa di zia Reis, dove la mamma poteva venire a trovarmi. Secondo zia Reis dovevo essere portata a Stary Sacz – come si era deciso inizialmente – ma Jozia sosteneva che la destinazione finale era Rytro, mentre Bobak insisteva che era meglio andare Czarny Potok. Per questo motivo una volta partita, la mamma non aveva ancora idea di dove mi stavano portando.

Andammo a Czarny Potok. Come promesso, Bobak mi accompagnò, ma una volta arrivati volle tornare subito indietro. Non sapevo perché e lui non mi diede nessuna spiegazione.

Czarny Potok era un paesino rurale, qui mi svegliavo tutti i giorni molto presto per andare a vedere gli animali. Un giorno rincorrendo una mucca che era scappata inciampai e mi feci male a una gamba.

Mi mancava tantissimo la mamma ma mi costringevo a non piangere mai, se non quando mi trovavo da sola. La mamma non sapeva nemmeno dove fossi. Le avevo promesso che non appena arrivata le avrei mandato una cartolina. Gliene scrissi una subito e chiesi a Bobak di imbucarla in una delle caselle della posta. Purtroppo, alcuni giorni dopo, quando ritornò, venni a sapere che in realtà non l'aveva fatto.

Nel frattempo, la mamma non aveva avuto nessuna notizia su di me e, comprensibilmente, era molto preoccupata. Zia Reis e il marito erano scappati e Jozia e suo fratello si rifiutavano di parlare con la mamma perché lei non si fidava di loro.

A causa di tutto lo stress, l'agitazione e la preoccupazione la mamma si ammalò. Come se non bastasse, aveva problemi con l'appartamento, con il lavoro all'ospedale e con suo fratello, zio Mundek, il quale aveva smesso di lavorare per la Commissione Ebraica.

Grazie ad alcune connessioni la mamma pagò delle persone per far si che dessero a zio Mundek un lavoro nelle fogne del ghetto. Il comandante del ghetto ora era un tedesco di nome Mansfeld, e i lavoratori del ghetto erano chiamati "Mansfelders". Zio Mundek divenne uno di loro, un Mansfelder.

La signora Bronia Brat, vedendo quando la mamma fosse preoccupata decise di aiutarla. Riuscì a mandare da me una sua conoscente, la signora Stasia Magierowska. Lei mi avrebbe portata a Rytro, un villaggio a 83 chilometri a sud-est di Cracovia. Tornare a Leopoli non era sicuro.

Il fratello della domestica di zia Reis, Twardowska, aveva vissuto a Rytro, e l'ero andato a trovare lì una volta con Bobak. La signora Stasia era riuscita in qualche modo ad ottenere il mio indirizzo a Czarny Potok, e venne fino a casa mia a piedi per trovarmi. Bobak era molto sorpreso di vederla.

Il 20 settembre, però, ero di nuovo a Leopoli perché in campagna mi trattavano malissimo. Per un periodo di tempo rimasi a vivere con Stasia e sua madre al 12 di via Hoffman.

La mamma lavorava ancora all'ospedale e Gustak faceva ancora il fattorino per il Comitato Ebraico. Zio Mundek lavorava nelle fogne del ghetto e zio Hirsch era addetto alle bottiglie di vetro fuori dal ghetto. Una volta a settimana andavo a trovare zio Hirsch al 21 di via Kazimierzowska dove lavorava, e la mamma mi veniva a trovare lì.

Giravano delle voci che gli ebrei sarebbero stati trasferiti nelle caserme. Di conseguenza la gente era molto preoccupata e spaventata. Pregai la mamma di prendere delle precauzioni per proteggersi lei stessa e per fortuna diede ascolto alle mie implorazioni.

La signora Yadzia Piotrowska riuscì a produrre per la mamma dei documenti falsi che dicevano che era cristiana, e avrebbe dovuto affittare per lei una stanza al di fuori del ghetto da cui la mamma avrebbe potuto trovare lavoro come donna polacca. La mia compagna di classe Hela Gangel aveva trovato rifugio dalla signora Yajia, un'amica della mamma. A volte io e Hela andavamo a fare delle camminate insieme ai figli della signora Piotrowska.

Un giorno una signora che non conoscevo venne a casa e chiese di parlare con me. Pensai che l'avesse mandata la signora Yadzia. Mi disse, "lavoro per la Gestapo. Tu ti chiami Janina Hescheles e non Lidia Wereszczynska. Se non mi dai 5.000 zloty entro le 4 del pomeriggio ti faccio deportare a Piaski!"[1]

Corsi da zio Hirsch che immediatamente avvisò la mamma. Alle 4 arrivò. La donna tornò e si misero a discutere. La mamma sapeva che la donna ci stava solo ricattando quindi contrattò con lei finché alla fine la donna accettò di tenere la bocca chiusa in cambio di 100 zloty.

Nel ghetto, intanto, avevano iniziato a trasformare i dormitori in caserme e tra la gente si era diffusa una paura generale perché nessuno sapeva esattamente cosa sarebbe successo. La mamma non voleva che io tornassi nel ghetto. Si mise quindi d'accordo con la signora Stasia Magierowska e decisero che sarei rimasta lì da lei qualche giorno in più così che la mamma avesse il tempo di trovare un altro posto. L'ultima cosa a cui poteva pensare in queste circostanze era la propria sicurezza.

Il martedì successivo, una donna che non conoscevo arrivò alla casa e mi trovò in cucina. Mi avvertì che la Gestapo stava facendo irruzione nelle case e che a breve sarebbe arrivata anche da noi. Avvisai immediatamente la mamma.

Siccome non c'era tempo per decidere cosa fare, mi trasferii velocemente all'11 di via Kasper Boczkowski, dove abitava una conoscente della madre della signora Stasia. Il suo nome era Kordybowa: era una signora di 60 anni che voleva far credere ne avesse 35, la quale introdusse il marito come suo padre. Tutte le mattine andava in giro in piazza Solski (la piazza del mercato nero) e passava i pomeriggi giocando a carte.

Nel frattempo, il dott. Kurzkov aveva allestito un ospedale da campo in via Janowska e veniva nel ghetto due volte a settimana. Altri giorni, il dott. Tadanier, il suo vice, copriva i suoi turni all'ospedale del ghetto. La moglie del dott. Tadanier, suo figlio e sua figlia vivevano nella parte ariana.

Venne dato inizio a un'altra *Aktion* nel ghetto, il quale venne praticamente isolato. Ogni divisione era chiaramente etichettata con le lettere W o R: W stava per *Wehrmacht*, esercito; R per *Rustung*, armamento. I certificati di registrazione non erano più validi. Il *Judenrat* venne sciolto e quasi tutti i suoi lavoratori vennero uccisi a Piaski. Solo una piccola parte di loro venne deportata al campo.

Gustak venne deportato nel campo e fu assegnato alla sezione degli addetti alle pulizie (*Reinigung*). A zio Hirsch venne data una W. Lo andavo a trovare ogni giorno. Fu lui a darmi la notizia della morte di zia Reis e suo marito.

Zio Mundek aveva preso il tifo e nessuno di noi sapeva se fosse ancora vivo o no perché durante ogni *Aktion* diversi furgoni venivano all'ospedale per raccogliere e deportare dei pazienti. Rena era già nelle caserme e aveva la lettera R. Mamoushia non aveva né la R né la W, ma all'ospedale erano stati assegnati due edifici che i lavoratori potevano usare come caserme al numero 3 e 5 di via Szaraniewicz.

L'Aktion si era conclusa. La polizia ebraica però non venne sciolta e tutti coloro che venivano deportati da loro venivano portati alla prigione al numero 12 di via Weyssenhof. A settimane alterne i prigionieri venivano portati a Piaski e giustiziati.

Zio Mundek si riprese e venne anche lui trasferito nelle caserme. Anche Mamoushia fece lo stesso. Mi mancava così tanto.

Kordybowa mi picchiava spesso senza motivo, ed ero davvero infelice con lei. A volte non mi dava nemmeno da mangiare. Non lo dissi a Mamoushia perché non volevo che si rattristasse. Più diventavo triste e infelice più sentivo la mancanza della mamma. Decisi di fuggire da Kordybowa e andare anch'io a vivere con la mamma nelle caserme.

Dal momento in cui il ghetto era stato convertito in caserme aveva preso il nome di campo di lavoro per gli ebrei (*Julag* o *Judischer Arbeitslager*). Kordybowa scoprì il mio piano per fuggire e mi picchiò di nuovo. Mi disse che visto che mi mancava così tanto la mamma le dovevo dire di venire qua così saremmo state insieme. La mamma esitò un po' perché temeva che potesse ferire entrambe. Dall'altro lato però si sentiva in colpa per me e le dispiaceva lasciarmi lì, così venne. Mi disse che non aveva soldi e che zio Hirsch avrebbe pagato per tutte e due. Mamoushia arrivò. Zio Hirsch avrebbe portato le cose della mamma un po' alla volta e non tutte insieme. Le avrebbe portate prima al lavoro e poi Kordybowa le sarebbe passate a prendere per portarle a casa.

Il capo del *Julag* era un tedesco di nome Grzymek e il suo vice era Heinisch. Il *Judenrat* era stato sciolto già da un po' ma era stato allestito un ufficio di amministrazione incaricato di gestire il *Julag*, chiamato *Unterkunft*. Ogni giorno prima che i lavori iniziassero si riuniva un'assemblea a cui partecipavano sia Grzymek che Heinisch. Bisognava stare molto attenti perché chi veniva scoperto a trasportare cose veniva deportato come punizione o alla prigione Weisenhof o al campo. I tedeschi erano appostati davanti all'entrata, quindi zio Hirsch portava pochi oggetti alla volta. Di tanto in tanto andavo io a prenderli. Lo zio mi disse che al personale dell'ospedale era stata assegnata una W, e che il vice del dott. Kurzok, il dott. Tadanier, aveva provato a scappare. Era stato scoperto e ora si trovava a Weisenhof con la moglie e il figlio. Lo staff dell'ospedale stava raccogliendo dei soldi per liberarlo.

---

1. Piaski – "le dune": molti dei prigionieri del campo di Janowski furono giustiziati e cremati sulle dune di Piaski, retrostanti il campo di concentramento.

6

L'ARRESTO

Kordybowa non andò alla piazza del mercato nero per qualche giorno e ora si stava preparando per uscire per fare la spesa. Chiese dei soldi alla mamma e uscì di casa. Prima andò da zio Hirsch. Assieme a un gruppo di lavoratori le aveva dato dei soldi qualche giorno prima perché comprasse delle cose al loro posto.

Quel giorno lo zio fu mandato con degli altri lavoratori a ritirare una spedizione di bottiglie. Attraversando piazza Smolki, dove si trovava il quartier generale della *Schutzpolizei*, vide Kordybowa uscire dall'edificio. Non le chiese cosa stesse facendo lì.

Un'ora più tardi, al ritorno dal lavoro, Hirsch trovò Kordybowa in lacrime. Lei disse che c'era stata una perquisizione e che aveva perso tutti i soldi cercando di fuggire. Questa notizia preoccupò molto zio Hirsch che temeva per la sicurezza mia e della mamma. Chiese a Kordybowa di lasciare che io lo andassi a trovare il giorno seguente. Ci andai, e subito vidi lo zio più sollevato: pensando che si fosse preoccupato per niente, non mi disse nulla. Tornai a casa.

Nel caso in cui qualcuno si fosse presentato all'appartamento di Kordybowa, il nostro piano prevedeva che la mamma si nascondesse nell'armadio e che io mi fingessi un'orfana, nipote di Kordybowa.

Il martedì Kordybowa svuotò un armadio in un'altra stanza e disse che la mamma poteva nascondersi lì dentro. Tornai dopo essere andata a trovare zio Hirsch, mi tolsi la giacca e mi sedetti vicino alla mamma in cucina. In quel momento ero felice solo di poter stare con lei. Le chiesi che cosa avrebbe fatto il primo giorno dopo la fine della guerra. Sognammo per un po' ad occhi aperti, rivelando una all'altra ad alta voce i nostri sogni. Dentro di me una voce si domandava se questi sogni si sarebbero mai realizzati.

Il rumore di qualcuno che bussava alla porta mise fine al nostro sognare. La mamma si nascose nell'armadio in fretta e furia. Kordybowa aprì la porta e tre membri della *Schupo* fecero irruzione nell'appartamento, uno di loro urlò: "Chi vive qui?". Kordybowa indicò prima il marito e poi me. Facendosi strada in casa ordinarono di accendere le luci.

Siccome non c'era elettricità mi offrii di andare in cucina a prendere dei fiammiferi ma uno dei poliziotti mi prese, mi diede uno schiaffo e togliendosi il fucile di dosso lo usò per colpirmi sulla schiena.

Aprirono l'armadio in cui, il giorno prima, Kordybowa aveva detto alla mamma di nascondersi e continuarono la perlustrazione dell'appartamento. Aprirono l'altro armadio, quello in cui era nascosta la mamma, la tirarono fuori e la picchiarono coi fucili.

Uno di loro gridò in polacco, "mani in alto e faccia al muro!". La iniziarono a perquisire e le trovarono due fialette di cianuro nel polsino della giacca.

Lo stesso poliziotto che la stava perquisendo le chiese, "a che cosa ti serve questo, ebrea?", e senza aspettare una risposta la prese a calci. La mamma perse i sensi e cadde a terra. Uno di loro rivolgendosi a Kordybowa le ordinò: "casalinga! Porta qui dell'acqua, la tua ebrea è svenuta!"

Perquisirono prima noi e poi il resto della casa: quando trovarono solo 1.500 zloty nella borsa della mamma, infastiditi, urlarono, "dove sono i soldi?". Noi non aprimmo bocca e loro non trovarono nulla.

Ordinarono a me e alla mamma di raccogliere i nostri possedimenti in un fagotto e di vestirci in fretta. Col fagotto in spalla fummo condotte in piazza Smolki.

Rimanemmo sedute su una panchina per un'ora. Ci chiesero per quanto tempo avessimo vissuto nell'appartamento di Kordybowa nella parte ariana. Rimasero sorpresi del fatto che la mamma avesse fatto una cosa così pur avendo ancora un lavoro. La mamma mi sussurrò nell'orecchio che se ci avessero portate a Weyssenhof allora avremmo ancora avuto una possibilità di salvarci ma se ci avessero portate dalla Gestapo in via Pelczynska voleva dire che presto saremmo state mandate a Piaski.

Un'ora più tardi venimmo portate in via Pelczynska: due poliziotti camminavano a entrambi i nostri lati, e un terzo dietro di noi. Per strada la mamma si rimproverò per essersi rifiutata di riportarmi nel ghetto. Cercai di consolarla dicendole che non era lei ad essere responsabile. Aveva fatto il possibile ed era perfino disposta a sacrificarsi per me. Non potevamo immaginare che saremmo finite così per colpa di Kordybowa. Mi presi io la colpa per quello che stava succedendo. La mamma sarebbe potuta andare da Jadzia Piotrowska se io non mi fossi fatta tanti problemi a stare da sola da Kordybowa. Alla fine, l'unica cosa che potevamo fare era convincerci ed accettare che questo era il nostro destino.

Dalla Gestapo ci condussero in una stanza in cui tre tedeschi ci aspettavano seduti a un tavolo. Ci ordinarono di girarci con la faccia al muro e tenere le mani alzate ben in vista. Fortunatamente, questa volta nessuna delle due venne picchiata anche se fummo costrette a rimanere in piedi con le braccia alzate a lungo. Il polacco che traduceva per noi, a quanto pare, era amico di papà, e fu grazie a lui che non fummo mandate in prigione a Pelczynska.

Anche se faceva ancora freddissimo fuori, nella stanzetta dove ci trovavamo si moriva di caldo e l'aria era soffocante. Bisbigliai alla mamma che sarei svenuta se fossi dovuta rimanere in piedi ancora per molto. La mamma allora chiese ai tedeschi il permesso di farmi sedere per terra. Me lo concessero, e io mi sedetti.

Alle 20 l'interprete polacco e uno dei tedeschi se ne andarono e mi offrirono una sedia per sedermi. La mamma rimase ancora in piedi. Gli altri due tedeschi seduti di fronte a noi stavano ascoltando un programma radio in inglese. Un altro tedesco abbandonò la stanza e quello che rimase con noi offrì anche alla mamma una sedia. Prendendo il telefono disse: *"Jüdischer Ordnungsdienst?"* (la milizia ebraica). Sentendo queste parole la mamma tirò un sospiro di sollievo.

All'una di notte fummo trasferite nel *Julag*. Lì la mamma vide Brat, il curatore del giornale dove lavorava papà. Ci portarono alla prigione di Weyssenhof in una cella minuscola in cui erano detenute già una sessantina di persone tra uomini, donne e bambini, tutti schiacciati uno contro l'altro. Quando entrammo nella cella una voce dal fondo disse "un'altra aringa da mettere in salamoia" a cui un'altra voce più vicina rispose, "già, sono due le aringhe!". La mamma mi proibì di sdraiarmi per terra perché il pavimento era veramente disgustoso. Rimanemmo in piedi per un giorno e una notte. La mattina le donne della cucina ci portarono del caffè.

La comunità del ghetto era responsabile del pagamento del cibo per i prigionieri ma noi non eravamo affamate, né io né la mamma riuscivamo ad ingoiare del cibo. La cella era soffocante, l'aria non si poteva respirare a causa dell'odore del sudore e dei corpi rinchiusi lì dentro, nonostante fosse il 22 febbraio. Nell'angolo c'erano due secchi in cattive condizioni in cui sia uomini che donne potevano scaricarsi. Chi aveva delle conoscenze o poteva pagare 100 zloty poteva andare a scaricarsi all'esterno, nel patio.

Il mercoledì presi del caffè ma non ero più in grado di stare in piedi, le gambe non mi reggevano più. Anche se la mamma non voleva che mi sdraiassi per terra perché temeva che prendessi le pulci, io lo feci lo stesso, implorando: "che Dio mi faccia prendere il tifo, anche se dubito che sarò così fortunata". Anche la mamma dopo un po' voleva sdraiarsi ma siccome non c'era posto si sdraiò al mio posto e io mi sdraiai sopra di lei.

La mattina seguente ci contarono e trasferirono me, la mamma e altre donne in una cella esclusivamente femminile. Lì c'erano più meno cento persone tra donne e bambini e siccome non c'era abbastanza spazio erano sdraiate una sopra l'altra. Il signor Brat e zio Hirsch andarono di fronte a Forschirer e Hasenus, i comandanti della prigione per fare qualcosa per aiutarci. Grazie alla loro intercessione fummo trasferite in un'altra cella dove incontrammo il dott. Tadanier.

Io e la mamma speravamo di essere deportate il prima possibile perché l'attesa ci stava torturando. Quando finalmente arrivò il giorno prima della nostra deportazione, Hasenus entrò nella cella chiamò i nomi del dott. Tadanier, di sua moglie e suo figlio, prese delle ragazzine molto belle e andò via con loro.

Fu lì che capimmo di essere perse. Non riuscendo più a controllarmi iniziai a piangere. Non avevamo così tanta paura di morire, quanto più che i bambini potessero essere sepolti vivi. Alcuni prigionieri pregavano di essere colpiti da una pallottola vagante, altri cantavano l'inno nazionale in ebraico, *Hatikvah*. La mamma cercò di confortarmi e mi promise che mi avrebbe coperto gli occhi quando avessero iniziato a sparare. Mi calmai e iniziai anch'io a cantare.

Alle tre di mattina un poliziotto entrò nella cella e chiamò la mamma. Lei andò alla porta. Le chiese se avesse con sé un figlio o una figlia e così uscimmo tutte e due insieme per seguire l'uomo giù per il corridoio. Forschirer ci attendeva; fummo condotte in un'altra cella accessibile anche dall'esterno. Il dott. Tadanier e gli altri che erano stati fatti uscire dalla prima cella da Hasenus si trovavano anche loro lì. Non c'era nessun secchio perché non c'era abbastanza spazio, e nessuno poteva andare fuori nel patio. Non ci era permesso nemmeno parlare ad alta voce o starnutire. Non eravamo ancora salvi.

Il sabato alle sette di mattina arrivò il primo furgone. Quando se andò di nuovo aprirono la nostra cella e a gruppetti di cinque ci portarono in una cantina. Ora, e solo ora, potevamo considerarci "salvi". Erich Engels, il capo del Dipartimento degli affari ebraici nel ghetto di Leopoli arrivò, lesse una serie di nomi tra cui i nostri e il poliziotto disse che eravamo i primi a poter essere trasportati. Molti uomini furono mandati al campo di Janowski.

L'evacuazione si svolse in questo modo: i poliziotti aprivano le celle. Gli uomini dei Servizi Speciali – polacchi, ucraini e tedeschi – il cui dovere era di portare a termini compiti speciali, entravano urlando "*Heraus! Heraus!*" (Fuori! Fuori!) e picchiavano i prigionieri con i fucili. Più di 40 prigionieri furono costretti a salire su un furgone e sdraiarsi uno sull'altro coi membri dei servizi speciali in piedi di fianco a loro con i fucili puntati sui prigionieri.

Dopo che tutti i furgoni se n'erano andati, ci trasferirono in una cella e ogni due ore liberavano un paio di persone nel *Julag*.

Quando fu il mio turno di uscire, presi una boccata d'aria fresca e mi sentii come ubriaca.

7

RITORNO AL GHETTO

Una volta nella caserma del *Julag* in via Szaraniewicze mi lavai cercando di levarmi di dosso tutto lo sporco della prigione e mi vestii con l'intimo della mamma. La mamma appese i nostri cappotti perchè prendessero aria, nel frattempo, la signora Bronia ci preparò il pranzo. Zio Hirsch tornò dal lavoro nel pomeriggio, e fu estremamente sollevato nel vederci di nuovo. Ci disse che giovedì Kordybowa era andata da lui e gli aveva detto di darle i vestiti della mamma. Zio Hirsch poiché non poteva rifiutarsi le diede una vestaglia.

Quella sera la mamma andò all'ospedale per cercare di riavere il suo lavoro. Si comprò una lettera W e il vaccino contro il tifo sia per me che per lei. Dopo il secondo richiamo però mi venne la febbre, il braccio mi si gonfiò e mi venne un forte mal di testa. La temperatura non si abbassò per tre giorni di fila ma la mamma non voleva portarmi all'ospedale. Rimasi con la febbre per cinque giorni e il sesto mi venne anche uno sfogo: a quel punto era chiaro che avevo preso il tifo. Non avevo la forza di alzarmi e la mamma finalmente si decise a portarmi all'ospedale.

Per me fu come passare dalla padella alla brace. Rimasi all'ospedale per una settimana, semicosciente, e poi vennero ad evacuare i pazienti. La mamma mi vestì in fretta e furia, ma invece di portarmi su un furgone con gli altri mi portò in infermeria e mi coprì con un camice da laboratorio. Durante tutta la convalescenza in ospedale il letto accanto al mio rimase occupato dalla signora Tadanier. Anche il figlio, Olés, aveva contratto il tifo ma ne era guarito e ogni tanto veniva a visitare la madre. Il dott. Tadanier invece non era sopravvissuto alla malattia.

La mamma rimase seduta accanto al mio letto per sei ore al giorno, tutti i giorni. Dopo quattro giorni, venne anche a lei la febbre. Quando il dottore la visitò le fu diagnosticato il tifo. Venne ricoverata con me e diventò lei la mia vicina di letto. Fortunatamente, dopo qualche giorno le si abbassò la febbre.

Fino a quel momento la mamma non aveva ancora preso il tifo, ma c'era da aspettarsi che l'avrebbe contratto a breve dato che passava così tanto tempo nell'ala dell'ospedale dove erano ricoverati i pazienti contagiosi. Anche Rena contrasse il tifo e i piedi le andarono in gangrena: speravamo tutti che le amputassero solo le dita dei piedi. Rena fu deportata durante l'evacuazione: né io né la mamma la rivedemmo più.

Una sera, alcuni membri del *Sonderdienst* circondarono le caserme dove si trovavano i lavoratori di Mansfeld e trasportarono 50 uomini a Żółkiew, dove vennero costretti a scavare le trincee. Una quarantina furono trasportati a Janowski. Zio Mundek fu uno degli uomini trasportati a Żółkiew, dove fu anche giustiziato. Successivamente, iniziarono a "contrarre" il *Julag*: gran parte della popolazione fu uccisa. Un ospedale fu chiuso e gli impiegati vennero trasferiti nell'edificio dalla parte opposta della strada.

A maggio iniziai a lavorare nel giardino dell'ospedale. Eravamo tutti indifferenti al lavoro che dovevamo fare perché sapevamo tanto che non avremmo mai raccolto i frutti del nostro lavoro, della nostra fatica. Io passavo le giornate a giocare con Olés, Maryśka Marksamer e Henryk Weiner. Un giorno Henryk fuggì dal *Julag* con la madre.

Erano cominciate le preparazioni per la liquidazione del *Julag*. Le donne che lavoravano nelle DAW (*Deutsche Ausrüstungswerke*, industrie che facevano parte delle fabbriche tedesche di armamenti, una divisione delle SS) dovettero passare la notte al lavoro. Come conseguenza della liquidazione del *Julag* anche zio Hirsch fu costretto a trasferirsi al campo di Janowski.

Alla vigilia della liquidazione del ghetto, la mamma mi disse di andare da zia Marysia. Era un lunedì. Alle 6 del mattino uscii dal ghetto accodandomi a dei lavoratori di Rohstoff.

Mentre eravamo per strada mi allontanai dalla fila e corsi via il più veloce possibile. Arrivai davanti all'entrata del giardino della zia ma la trovai chiusa. Bussai ma nessuno venne ad aprire. Mi arrampicai sul cancello e bussai alla finestra di casa. Dalla finestra vidi chiaramente Irka e Lala, le sue figlie, sdraiate a letto a chiacchierare e zia Marysia leggere un giornale. Quando mi sentì bussare alla finestra si girò verso la finestra, alzò gli occhi e mi guardò. Invece di alzarsi ad aprirmi però girò la pagina del giornale e riprese a leggere. Rimasi lì per un po', poi tornai indietro e bussai di nuovo alla porta, ma nessuno venne.

Decisi allora di andare da zio Hirsch. L'altra officina di bottiglie era circondata dalla polizia ucraina allora lo zio mi consigliò di tornare indietro nel *Julag* di nascosto, infilandomi nelle aperture della recinzione. Così, tornai nel luogo dal quale avevo cercato di fuggire. Notai un gruppo di persone che avevano terminato il turno notturno nel laboratorio tessile Schwarz rientrare nel *Julag* e mi aggregai a loro. Alle 22 ero di nuovo in ospedale. Salutai la mamma con un sorriso. Quando la signora Bronia Brat mi vide entrare impallidì e quasi svenne.

8
LA SEPARAZIONE DA MAMMA

Quella sera la mamma non riuscì a dormire. La mattina del martedì decidemmo di andare al rifugio dell'ospedale perché girava voce che presto avrebbe avuto inizio un'altra *Aktion*. L'entrata segreta del rifugio era nascosta nel camino che a sua volta era collegato alla cucina nell'appartamento del signor Labiner. Quel pomeriggio arrivò il dott. Kurzrok. Venne a prendere il padre, la cugina, la signora Adlersberg dal *Julag*, e il signor Labiner con la moglie e il figlio li seguirono nell'ospedale del campo. La famiglia Labiner viaggiò poi a Cracovia. Lo zio non tornò a casa dal lavoro, e ci venne detto che non era nemmeno passato a raccogliere le sue cose dal campo.

La mamma rimase a letto tutto il tempo; era molto pallida. Mi sdraiai accanto a lei e le chiesi: "Perché sei così triste? Non c'è nessuna *Aktion* ancora". La mamma mi rispose: "La mia fine è già cominciata, anche se prendessi le pillole di cianuro la mia morte sarà dura per me, perché ci sei tu. Non mi importa cosa ne sarà di me" a questo punto scoppiò in lacrime. "Janola, risparmiami quest'agonia e lasciami morire da sola, non voglio sapere cosa ne sarà di te dopo la mia morte, non voglio averti qua di fianco a me, costretta a soffrire! Se mi vuoi bene, va! Torna da quella donna.

L'umiliazione sarà mia perché sono io che ti ho chiesto di tornarci".

Non volevo obbedirla. Le risposi: "Per cosa dovrei vivere? Senza documenti non ho nessuna possibilità di sopravvivere comunque. Mamma, vuoi prolungare le mie sofferenze? Non sarebbe meglio farla finita una volta per tutte, abbracciandoci? Che valore ha per me la mia vita, se la devo vivere da sola?"

La mamma mi pregò, "devi andare Janina! Vendica me e tuo padre!"

Le risposi: "La vendetta ti riporterà da me? Vale la pena vivere solo per quello? Vale la pena soffrire così tanto solo per quello? Non sarebbe meglio soffrire accanto a te, mamma? Mi risparmierebbe tutta la sofferenza e il dolore che mi aspettano altrimenti..."

Discutere con la mamma era difficile, non volevo farlo. Non riuscivo a guardarla mentre piangeva, a guardare il suo volto segnato dalle lacrime. Aveva già delle rughe come la nonna. Il cuore le batteva così forte che potevo sentirlo solo standole accanto.

Alla fine, cedetti e le obbedii, a condizione che mi desse una pastiglia di cianuro come contingenza. Si rifiutò di farlo, ma mi diede 2.700 zloty per il viaggio e mi accompagnò fino al cancello. Mi baciò e salutammo i signori Brat.

Quando raggiungemmo la coda di coloro che stavano uscendo dal ghetto la mamma mi diede un altro bacio sussurrandomi all'orecchio: "Sii coraggiosa di fronte alla sofferenza Janina, fallo per me".

Ritornai un'altra volta da zia Marysia. Questa volta la porta era aperta ed entrai senza bussare. Quando la zia mi vide era troppo tardi per cacciarmi. Le diedi parte dei soldi che avevo con me così che mi lasciasse restare da lei.

La liquidazione del *Julag* era quasi terminata e dopo cinque giorni la zia non voleva più che restassi a casa sua. Andai a cercare zio Hirsch ma nell'officina dove lavorava non era rimasto più nessun ebreo. Venni a sapere da una sentinella ariana che l'officina era stata perquisita e, siccome erano state trovate delle armi, tutti gli ebrei che vi lavoravano vennero giustiziati, tra loro anche zio Hirsch.

Tornai da zia Marysia con l'intenzione di andare all'ospedale del campo la mattina seguente. Prima di lasciarmi partire la zia prese i miei soldi dicendo che avrebbe cercato di aiutarmi, mi diede due fette di pane e 200 zloty e me ne andai.

Andai a cercare Kurzrok all'ospedale, ma scoprii che anche lui era stato giustiziato. Il dott. Maksylimian Kurzrok era il capo sia dell'ospedale del ghetto sia di quello del campo di Janowski. La sua posizione privilegiata gli aveva permesso di spostarsi tranquillamente da un ospedale all'altro e portare medicinali dal ghetto al campo.

Fu solo a causa della chiusura del ghetto che il suo ruolo di collegamento terminò e decise di scappare. La sua intenzione era di fuggire assieme alla moglie e alcuni giovani impiegati dell'ospedale che volevano unirsi alle brigate polacche e ucraine che lavoravano alle fortificazioni di difesa a Dnepropetrovsk. Quando arrivarono alla stazione due informatori, Pechez e Szwadron, due ebrei che lavoravano per la Gestapo li riconobbero e li segnalarono.[1] Dello staff ospedaliero rimasero solo diciassette impiegati. Kurzrok e gli altri fuggitivi vennero uccisi.

Gustak era stato fucilato quando il *Reinigung* liquidò la sua unità a Janowski. Una volta in ospedale parlai con la signora Adlersberg che mi consigliò di entrare nelle DAW il giorno seguente.

Non avevo altra scelta se non quella di tornare dalla zia. La mattina dopo trovammo un biglietto che diceva: "Signora! Sta ospitando una sporca ebrea in casa sua. Produca 20.000 zloty o finirà lei stessa a Piaski assieme a questa lurida ebrea".

Mi chiesi chi la stesse minacciando. Non avevo visto nessuno che conoscevo, né sulla strada verso l'ospedale, né al ritorno verso la casa di Marysia. Il mio sospetto era che fosse stata Helene Nowicka, una sua amica, su richiesta della zia. Helene Nowicka, alla quale la zia confidava tutti i suoi segreti e problemi, era un'antisemita: durante il primo pogrom la vidi più volte per strada a picchiare gli ebrei.

Prima che me ne andai, la zia mi promise che avrebbe provato a trovare qualcuno che potesse aiutarmi e se non ci fosse riuscita mi avrebbe fatto riavere i miei soldi alla signora Adlersberg.

---

1. Venni a conoscenza di questo fatto grazie alla signora Adlersberg, una parente di Kurzrok.

9
NELLE DAW E NEL CAMPO DI JANOWSKI

Al 117 di via Janowska c'era un negozio di sartoria alla cui entrata era stazionato un guardiano. Per poter entrare bisognava dichiarare di essere ebrei. Entrando mi avvicinai al supervisore ebreo del laboratorio, la signora Bronia Muskat, ma dovetti aspettare mezza giornata per poterle parlare. Successivamente, nelle DAW incontrai anche la signora Redil, a capo della divisione di taglio della sartoria. C'era una caserma che ospitava 500 donne in cui sarei stata più al sicuro che nel campo. La signora Redil chiese a un amico, il signor Schachter, di trasferirmi nella caserma. Siccome ero una ragazzina era mio diritto farlo, anche se mi era stato sconsigliato da tutti.

Finalmente, mi fu assegnato un lavoro come rifinitrice per la sartoria di quella che una volta era l'industria Schwarz. A capo della mia squadra c'erano Elza Maro e Hanka Weber. Non tutte le donne che lavoravano qui erano state trasferite nel campo femminile perché non tutte le postazioni della caserma erano pronte, per questo motivo io rimasi assieme ad altre a dormire in officina.

Le officine erano situate in lunghe baracche che assomigliavano a capanne, dai cui tetti entrava sempre la pioggia quando pioveva. Il capo delle DAW era Fritz Gebauer e il suo assistente era Müller. A lavorare con loro c'erano anche Bajer e Melchior: due sadisti incaricati di mantenere l'ordine.

Ogni due officine c'era un supervisore (*Aufseher*). Haberowa era il supervisore ebreo di tutto il complesso dei negozi di sartoria. C'erano anche diversi *Zurichter*, ovvero i responsabili per il lavoro di preparazione. Ogni singola officina aveva il suo direttore o direttrice: Elza Maro, Hanka Weber, Lusia Munzer, Bronia Muszkat, Cyla Morgentraub, Róza Radil, Grinbaum e Kohn.

L'officina era divisa in squadre. Ogni squadra era composta da un capo, due persone che preparavano il materiale per il cucito (*Zurichter*), una persona responsabile per la stiratura (*Bügler*), venti persone addette alle macchine da cucire e una quindicina di assistenti. Hilferding era a capo dell'ufficio di cucitura e Löbel a capo di quello tecnico.

Gli ufficiali dell'amministrazione vivevano nella caserma. Tusia, la cognata di Bronia, era incaricata della gestione delle donne che vi abitavano. Questa consisteva in quattro edifici di legno, uno dei quali ospitava i bagni e la cucina. In tre dei quattro capannoni con il tetto che perdeva c'erano delle cuccette a quattro livelli che arrivavano fino al soffitto. Queste erano separate da un corridoio ogni nove file. Ad ogni lavoratrice era assegnata una cuccetta. Il cibo veniva distribuito in cambio di buoni per il pranzo (*Esskarte*). Le donne mangiavano sempre mezze sdraiate sul letto poiché starvi sedute era impossibile: avrebbero toccato il letto superiore con la testa.

I turni di lavoro iniziavano alle 6 in punto. Io non riuscivo mai a raggiungere la quota di lavoro richiesta ma non ero nemmeno in grado di rimanere ferma seduta in un posto tutto il tempo. Bauerowa, la nostra caposquadra, a volte mi rimproverava, mentre Elza Maro non mi diceva mai nulla. Spesso correvo in giro per le officine col pretesto di essere alla ricerca del medico, e me ne andavo nel laboratorio di imballaggi di Maks Boruchovicz.[1]

Due settimane dopo fummo trasferite al campo (Frauenlager). Nel campo, io ero una delle privilegiate. Iniziai a conoscere Akser, il quale lavorare nell'ufficio amministrativo del campo and dirigeva la rete di aiuti illegali.

Grazie a lui venni trasferita nella capanna dove si trovava la lavanderia (*Wäscherei*) che era decisamente più pulita delle altre e non così affollata. Incontrai qui Orland grazie al quale non fui costretta ad aspettare in coda per avere la mia razione di zuppa. Fu grazie ad Asker invece che potei iniziare a pranzare insieme agli operai della lavanderia. Io avevo sempre il sabato pomeriggio di riposo e potevo fare la doccia tutte le mattine. Gli addetti alla lavanderia avevano la domenica come giorno di riposo.

Elza Maro mi faceva uscire dall'officina e io andavo negli uffici del campo, da Bronek Jakubowicz.[2] A volte anche Ilian, Grün[3], Fränkel[4], Kleinmann[5] e Herman si riunivano qua con la fisarmonica, e ci intrattenevamo a vicenda per qualche ora. Alle 18 in punto anche Franka Stein si univa a noi e iniziavamo a cantare.

Nelle DAW c'era anche un'officina 'ariana'. Gli operai ariani arrivavano la mattina, avevano una pausa a mezzogiorno e alle 18 tornavano a casa. Tra di loro c'era anche Stasia Magierowska.

Nel campo delle donne ci svegliavamo sempre alle 3:30, alle 4 lasciavamo la nostra area del campo per andare nell'area degli uomini, marciando a gruppi di cinque. All'entrata della piazza d'armi della sezione maschile del campo c'era sempre un cestino con del pane. Il cuoco dava a una donna per gruppo cinque fette di pane che lei doveva distribuire alle altre quattro.

L'inserviente (*Ordner*) e il poliziotto del campo (*Lagerpolizist*) mantenevano l'ordine. Se qualcuno li avesse spinti, loro lo avrebbero frustato. Poi, veniva distribuito il caffè anche se ottenerlo era sempre una lotta.

La maggior parte delle donne ne faceva a meno; era caldo sì, ma troppo amaro. Fino alle 5 ci era permesso restare a parlare con gli uomini, dopo di che la polizia del campo passava a dividere gli assembramenti, ordinando di ricostruire le file a gruppi di cinque secondo le nostre sezioni.

In ogni colonna c'erano 100 prigionieri. Quelli all'inizio della fila prima ci contavano e poi si mettevano in piedi al loro posto, in cima alla loro colonna. Così davano inizio all'appello. Warzok, il comandante del campo (il quale aveva ottenuto questa posizione solo dopo che Wilhaus era stato mandato al fronte), camminava tra le file gridando comandi: "Attenzione – in piedi! A riposo – in piedi! Giù! Su! Strisciate! Saltate!" la polizia del campo osservava scrupolosamente che tutti obbedissero gli ordini. L'orchestra poi iniziava a suonare e le file, una dopo l'altra, uscivano dalla piazza armi.

I primi ad arrivare erano coloro che lavoravano in città, poi le file delle donne che lavoravano nelle DAW, e dopo di loro gli uomini delle DAW. Quando passavamo la sicurezza (*Kontrolstube*), coloro che erano a capo delle file riferivano ad Akser il loro conteggio così che venisse registrato. Ai controlli ci aspettavano anche il medico, il dott. Biber, e i guardiani tedeschi (*Wachmänner*). Qualche metro più avanti i guardiani ucraini si riunivano per il loro appello. Dalla parte opposta del capanno della sicurezza l'orchestra suonava.

Marciavano lungo le mura e oltre il bunker annesso al cancello principale. Attraverso le sbarre i bambini e gli adulti che erano stati catturati nella parte ariana ci guardano pieni di invidia. Solo a questo punto si arrivava alle DAW. Qui un rapporto scritto veniva consegnato a un tedesco, Kurzer. Melchior, invece, perquisiva tutti i prigionieri, requisendo qualsiasi tipo di oggetto trovasse in loro possesso, dalle lattine alle fette di pane. La camminata proseguiva oltre l'abitazione di Gebauer, che si trovava davanti al cancello con i supervisori tedeschi.

A questo punto iniziava la gara per il raggiungimento delle quote di lavoro: chiunque era alle macchine era incaricato di cucire quattro paia di pantaloni, giacche o cappotti. Gli aiutanti dovevano finire il lavoro aggiungendo bottoni e occhielli. Se non avessimo finito entro le 18, il lavoro sarebbe continuato fino alle 20 e il giorno seguente, come punizione, il gruppo intero sarebbe stato mandato a fare lavoro manuale, come pulire le latrine o trasportare i mattoni.

A volte non c'era lavoro da fare. In quei giorni ognuno teneva delle stoffe o delle cose tra le mani per dare l'impressione di essere effettivamente indaffarato. La pausa pranzo di un'ora e mezza iniziava alle 12:30. Le donne che vivevano nella caserma ricevevano una buona zuppa, spesso di patate o di orzo. Noi, invece, eravamo obbligate a tornare nel campo. Chiunque si fosse protratto nell'officina sarebbe stato punito con venticinque colpi di frusta.

Ci dividevamo in colonne, il che richiedeva più o meno mezz'ora. Due poliziotti e due inservienti ci accompagnavano al campo; arrivati al checkpoint Striks ci contava. Nella piazza armi del campo due pentoloni di zuppa ci attendevano con due giovani a distribuirla. Chi godeva di 'protezione' riceveva la zuppa più densa. Nella zuppa c'erano a volte due pezzi di patata, dell'avena, del cavolo rapa o dei ciuffi di carote che galleggiavano in superficie. Orland, il capo supervisore, con la frusta in mano si assicurava che nessuno ricevesse una seconda porzione.

Infine, le colonne entravano una dopo l'altra nella mensa per mangiare. Cinque minuti dopo eravamo di nuovo pronte per tornare alle DAW. Alle 14 apriva il cancello delle DAW e ricominciavamo a lavorare sotto costrizione coi vestiti inzuppati di sudore. Alle 18 il turno terminava e dovevamo sottostare a un altro appello.

Esausti, ci trascinavamo verso il campo mentre l'orchestra fuori suonava. I figli dei guardiani la ascoltavano come se fossero ad un concerto. Gli *Askaris* giocavano a calcio sul loro campo personale. Noi andavamo prima verso la lavanderia; la maggior parte delle donne si recava qui o per far visita a dei conoscenti o familiari, oppure per vendere o comprare qualcosa. C'erano trogoli di pietra e canali e sopra c'erano tubi con acqua corrente fredda. Ai lati c'erano dei rubinetti. Se si fosse goduto di 'protezione' si sarebbe potuto usare un lavandino. Gli uomini si lavavano dopo di noi.

Dopo aver udito Orland suonar il fischietto ci riallineavamo in colonne e camminavamo verso l'area femminile del campo. Poi era il turno degli uomini in lavanderia. Nel campo delle donne, *Frauenlager*, veniva distribuita una zuppa o una fetta di pane come cena, seguita da un liquido caldo chiamato *Lorke*, un caffè amaro a base vegetale. Orland non era più nel campo. Bebi (l'ebrea a capo del campo femminile) gridava contro di noi per darci ordini, i supervisori ci picchiavano ma i loro sforzi per mantenere l'ordine erano tutti invano.

Il lunedì, ci davano un cucchiaio di bietole amare, addolcite con dello zucchero e talvolta, anche se non spesso, con del miele o del formaggio scaduto. Alle 21 dovevamo avere le luci spente ma non c'era silenzio fino alle 22. Ogni sera c'era una guardia diversa (*Wachmann*) che passava a controllare che ognuno fosse nella propria cuccia, e c'erano sempre due sovrintendenti di turno. Non dormivano mai: la mattina svegliavano le donne nei capannoni; durante la giornata i sovrintendenti pulivano le latrine e la lavanderia.

Il primo mese nel campo fu orribile. Ogni giorno al ritorno dal lavoro trovavamo accanto alle latrine i corpi dei bambini e delle persone del *Julag* e della caserma che erano state fucilate durante la giornata. I loro vestiti erano piegati e impilati vicino all'entrata. Una delegazione di donne del campo chiese che il luogo delle esecuzioni fosse spostato. Da quel momento in poi le esecuzioni iniziarono ad essere fatte dietro alla cucina. I corpi rimanevano ammonticchiati lì per qualche giorno finché non ce n'erano abbastanza. A quel punto venivano presi dai membri della 'brigata della morte' e cremati sulle colline di Piaski.

La 'brigata della morte' era composta da un gruppo di uomini scelti tra coloro che a loro volta sarebbero stati giustiziati. Di tanto in tanto venivano sostituiti, e regolarmente cremati assieme ai cadaveri che loro stessi trasportavano. Erano separati da noi; vivevano in una baracca a parte ma noi donne li vedevamo lavorare da lontano. Venivano scortati passo per passo da un tedesco membro del Servizio di sicurezza, SD (*Sicherheitsdienst*). Parte del loro compito era estrarre i corpi delle persone che erano state uccise nell'agosto 1942 dalle fosse comuni e distruggere ogni evidenza che provasse che quello era un luogo di esecuzione di massa. I vestiti dei prigionieri condannati venivano conservati nei magazzini del campo.

Un conoscente della mamma, il dott. Tanne, lavorava nella clinica delle DAW. Aveva lavorato con la mamma sia nell'ospedale in via Dwernicki che in quello di Labiner. Era stato insieme alla mamma e all'editore Brat e sua moglie Bronia nel bunker di Labiner. Avevano aspettato insieme di essere giustiziati nel *Frauenlager*, quando Orland riuscì a salvarlo. Dalle donne della lavanderia venni a sapere che le donne che avevano con sé delle pastiglie di cianuro si erano date appuntamento una sera e, riunite in cerchio, si erano avvelenate tutte insieme.

Il secondo mese passò senza problemi particolari. Ogni venerdì o sabato andavamo ai bagni in via Szpitalna. Il tragitto era tutt'altro che piacevole. Mentre attraversavamo per la città i passanti e i bambini ci osservavano. Per non far notare il nostro dolore e la nostra paura ci mettevamo a cantare canti di marcia gioiosi.

Il sabato pomeriggio eravamo libere. Per distrarci, organizzavamo delle piccole serate di intrattenimento ma la realtà dei fatti non ci abbandonava mai e le canzoni e le poesie che ci recitavamo a vicenda parlavano da loro.

Al lavoro faceva un caldo terribile, e la notte le pulci e il caldo asfissiante ci impedivano di dormire.

Dopo le 21 era proibito essere fuori dalla caserma ma le più audaci infrangevano spesso questo coprifuoco. Anch'io andavo fuori ogni tanto, dietro al capannone, dove ci trovavamo per cantare e recitare poesie. Durante queste notti ero tormentata da molti pensieri e per trovare chiarezza iniziai a scrivere poesie senza rime.

Dalle dune di Piaski, di fronte a noi, si vedevano salire scintille di luce dai corpi che che andavano a fuoco. Un odore sgradevole riempiva l'aria. Sentivo la mancanza della mamma in modo smisurato, ma non piansi neanche una volta. La invidiavo perché per lei era tutto finito. Guardai nella direzione delle fiamme, in cui forse proprio in quel momento il suo corpo stava andando a fuoco. Sapevo che anche a me sarebbe spettata la stessa fine... questi pensieri diventarono sempre meno frequenti. Volevo passare i miei momenti finali ridendo, ma le nostre risate erano artificiali, finte.

Una donna su due aveva la scabbia, un'infezione della pelle. All'inizio era possibile andare in ospedale e farsi curare, ma a un certo punto queste persone iniziarono ad essere portate a Piaski assieme a coloro che si trovavano in isolamento perché erano stati catturati nella parte ariana. Anche i detenuti dell'ospedale erano portati a Piaski. Era ovvio quindi che le donne avessero paura a recarsi in ospedale a chiedere aiuto. L'ospedale si trovava al 138 di via Janowska e vi si poteva accedere solo accompagnati dagli *Askaris*.

Arrivò un momento in cui non potevo muovermi liberamente nella *Gelände*, lo spazio all'aria aperta delle DAW dove si trovava il campo maschile. Nel mezzo di questo cortile aperto c'era una panchina su cui i prigionieri venivano picchiati.

Scheisskarte, i permessi per andare in bagno, venivano distribuiti. A chi fosse stato beccato senza uno sarebbero spettate venticinque frustate. C'erano tre *Scheisskarte* per ogni gruppo, uno ogni quindici lavoratori addetti alla rifinitura, uno per ogni venti che lavoravano alle macchine da cucito, e un terzo per il caporeparto (*Brigadier*), il disegnatore (*Zurichter*) e l'addetto alla stiratura (*Bügler*). Per andare in bagno dovevamo registrare il nostro nome da un *Ordner*, che si assicurava che nessuno entrasse senza *Scheisskarte*. Non potevo prendere un altro permesso dal gruppo perché avrebbe causato problemi agli altri lavoratori dal momento che spesso lo usavo solo per fare una pausa dal lavoro. Alla fine, il caporeparto, che era un mio amico, me ne diede uno come regalo.

1. Michal Borwicz (Maksimilian Boruchovicz, pseudonimo Ilian) diede inizio all'attività culturale nel campo ed era in contatto con l'organizzazione clandestina polacca – il Consiglio per l'aiuto agli ebrei (*Degota*).
2. Bronek Jakubowicz lavorava nel così detto *Unterkunft*. Era parte della rete clandestina di aiuto agli ebrei e in contatto con lo *Degota* al di fuori del campo.
3. Yerachmiel Grün, un poeta che scrisse in Yiddish, fu ucciso poco dopo nel campo.
4. David Fränkel, un giornalista, militante socialista e membro della Hashomer Hatzair, fu anche lui ucciso nel campo.
5. Perec Kleinmann, pittore e decoratore di scena, fu ucciso nel campo. Grün e Kleinmann erano celebrità nel teatro Yiddish di Leopoli.

10

L'IMPICCAGIONE

Nessun tedesco aspettava davanti al cancello. Kurzer ci guardò e dal suo volto cupo capimmo che qualcosa di brutto stava per succedere. Gli inservienti del lavoro (*Werkordner*) ci impedirono di entrare nelle officine e tutti i tedeschi erano stazionati nel mezzo dello spiazzo (*Gelände*). Eravamo allarmati e temevamo che ci sarebbe stata una 'selezione'. Il tedesco Reryk fece per legare delle corde a uno dei lampioni. Capimmo immediatamente che qualcuno del turno notturno sarebbe stato impiccato.

Qualche giorno prima, i detenuti avevano organizzato una celebrazione, una piccola festicciola, e tutti avevano bevuto molto. L'uomo che stava per essere impiccato aveva con sé una pistola e da ubriaco la tirò fuori puntandola contro la gente. Io ero nervosissima, stavo per avere un attacco di panico. Non appena annunciarono che ci sarebbe stata un'esecuzione mi tranquillizzai. Il mio sguardo era indifferente mentre scrutavo l'uomo che nel frattempo si stava svestendo. L'avevo visto una volta vendere del sapone e ne avevo comprato un pezzo da lui.

Ora, Melchior, un tedesco assegnato al campo, gli stava spiegando come infilarsi il cappio attorno al collo. Lui era tranquillo e salì sulla scala indossando solamente l'intimo. Mi allontanai dalla mia postazione per non guardare ma l'inserviente mi ordinò di ritornare al mio posto. Mi rimisi in linea e guardai il condannato. Era già impiccato: il suo corpo si muoveva in modo erratico, travolto dalle convulsioni. Sentii di nuovo un'agitazione travolgermi a poco a poco, non per pietà nei confronti dell'uomo, né a causa dello spettacolo dell'esecuzione, e nemmeno perché avessi paura della morte.

L'esecuzione rinnovò in me soltanto la consapevolezza che esistesse effettivamente una realtà che non potevo – non volevo – accettare, consapevolezza che non potevo ignorare. Era la prima volta che assistevo a un'esecuzione dall'inizio alla fine. L'ultima volta che una situazione così si era presentata avevo paura solo di guardare in faccia il condannato.

Dormivo ancora nell'officina allora. Spesso andavo nel campo con le altre donne per vedere Lucy Hasenus che all'epoca era un'inserviente. Alcune persone del *Julag* erano sedute nel campo con le donne, e le donne davano loro del pane da mangiare.

Alle 7 in punto un tedesco di nome Siller arrivò per un'ispezione. Passò per i capannoni e osservò la distribuzione del caffè. Lasciai la caserma per andare alla latrina. Durante il tragitto notai che la gente si stava svestendo. Avevo paura a tornare indietro perciò rimasi dov'ero. Capitava spesso che si dovesse combattere per un posto alle latrine, e così fu anche questa volta. Una donna mi spinse così brutalmente che quasi ci caddi dentro.

Poi, all'improvviso, udimmo dei colpi di proiettile, e subito dopo silenzio totale. Due donne piangevano. Una di loro aveva un figlio, un'altra aveva una sorella nella caserma. Rabbrividii, incapace di controllare la reazione del mio corpo. Altre donne videro tutto anche se non erano così vicine come me. Non erano così spaventate come me. Non riuscivo a mangiare o bere niente. Lucy mi disse, "non c'è niente da fare, anche a te toccherà la stessa fine. Quando ti trasferirai nel campo ti abituerai a vedere cose del genere".

Dopo l'impiccagione non ero più spaventata dal pensiero della morte, la mia o quella di qualcun altro, ma non ero in nessun modo in grado di farmene una ragione. Io volevo assolutamente vivere... Vivere a qualsiasi costo. Sentivo una voce dentro di me chiamarmi e ordinarmi: "Vivi! Vivi!" non avevo la forza di oppormi, né fui mai in grado di farla tacere.

Mi ricordai che una domenica, a Jakubowicz, qualcuno mi chiese perché gli ebrei non fecero mai nessun particolare atto di coraggio. Kleinmann rispose, "non era una dimostrazione di coraggio il fatto che le ragazzine che venivano portate a Piaski cantavano, invece di piangere o urlare?". Io trovavo questa cosa inaccettabile. Significava abbandonarsi alla morte con indifferenza e accettazione, proprio come l'uomo che venne impiccato. È questo il coraggio? È questo che devo fare per essere chiamato eroe? No! Io devo vivere! Preferisco soffrire, digiunare se questo significa vivere, perché io amo la vita. Se dovessi andare a Piaski lo farei solo per poter vivere. Non proverò a fuggire, ma opporrò resistenza agli esecutori! Io non mi spoglierò!

Un giorno Stasia Magierowska mi si avvicinò. Mi disse che mi avrebbe potuto aiutare a fuggire. Dovevo ottenere una fototessera per il passaporto. Lei e la signora Adamska l'avrebbero poi mandata a Varsavia ed entro una settimana avrei ricevuto una *Kennkarte*, una carta d'identità che confermava la mia identità di ariana. Così, sarei potuta viaggiare fino a Varsavia con una donna di Brzuchowicze. Flashner, il capo dell'officina, mi fece una foto in segreto. Mi consultai con Bumek Wahrman[1] che era parte dell'associazione clandestina, che a sua volta avrebbe contattato Magierowaska.

Secondo Magierowska l'offerta della fuga veniva da un comitato che si occupava di aiutare gli ebrei a fuggire. Notai che una ragazzina, Frania Tadel, spesso girava per il campo accompagnando Stasia ovunque. Chiesi a Frania cosa pensasse di Magierowska e lei me ne parlò molto bene. Capii che le due donne avevano fatto la stessa offerta anche a lei. Lo chiesi a Frania per averne la conferma e lei era sorpresa del fatto che io lo sapessi. Le spiegai che avevano fatto anche a me la stessa offerta ma che io non ci credevo.

Il giorno in cui era programmata la fuga le due donne pretesero che sia io che Frania pagassimo 5.000 zloty a testa. Noi ci rifiutammo e fingemmo di non conoscerci. Il prezzo scese a 2.000 zloty ma ancora dicemmo di no.

Sembrava che Adamska e Magierowska fossero disposte ad accontentarsi dello stesso prezzo che i tedeschi pagavano a coloro che segnalavano gli ebrei. Era fuori discussione che noi potessimo pagare dei contanti. Le due donne a quanto pare volevano fare a noi quello che avevano precedentemente fatto a Hilda una detenuta del campo – le avevano offerto una via di fuga e poi l'avevano segnalata ai tedeschi.

Faceva freddissimo. Con la fine dell'estate il nostro umore peggiorò notevolmente. Non avevo più la pazienza di scrivere poesie. Non cantavamo più. L'atmosfera era cambiata. Ogni giorno c'era un incidente. Ogni giorno qualcuno veniva fucilato, ucciso. Shächter, Haberowa, Hilferding e Löbel – i quattro ebrei a capo delle DAW – erano fuggiti, portando via con loro i pochi soldi che la gente aveva affidato loro perché li custodissero in sicurezza. Shächter abbandonò la madre nelle DAW, una donna anziana che viveva nella caserma. Fino a quel momento i tedeschi la tolleravano; dopo la fuga di Shächter, Gebauer le ordinò di spaccare pietre e stazionò due inservienti a supervisionarla per assicurarsi che non si avvelenasse. Se si fosse suicidata, loro sarebbero stati impiccati come punizione.

L'officina ariana non era più in attività e gli impiegati che vi lavoravano furono mandati fuori dal campo. Frania riuscì a scappare e mi mandò il suo indirizzo. Altre due persone dell'*Unterkunft* fuggirono e noi prigionieri iniziammo a temere che i tedeschi infliggessero delle misure punitive su di noi.

Decisi di fuggire. Non c'era motivo di esitare perché non avevo niente da perdere.

Il giorno seguente a mezzogiorno andai all'ospedale con un gruppetto di persone. Una guardia ucraina ci aprì e tutti entrammo. Io ero l'ultima del gruppo quindi invece di entrare tirai dritta!

Alla stazione salii su un tram. Pensai a cosa fare, a quali fossero le mie opzioni – ero ubriaca. Mi abbandonai a uno strano senso di stanchezza ma cercai in qualsiasi modo di non addormentarmi. Arrivata in piazza Berdynski andai direttamente da Jadzia Piotrowska dove Hela Gangel mi aprì la porta. La signora Piotrowska non era ancora a casa così scambiai due parole con Hela nel frattempo.

Quando Jadzia Piotrowska arrivò, sobbalzò dallo stupore e dalla felicità. Non poteva credere ai suoi occhi nel vedermi viva, fuori dal campo. Era convinta che stessi ancora con Magierowska e che la mamma se ne fosse andata via. Era sorpresa del fatto che non fossimo rimaste in contatto.

Sfortunatamente, Jadzia non poteva più aiutarmi. I ricattatori avevano già bussato alla sua porta a causa di Hela ed era stata costretta a chiederle di tornare dai genitori. Tuttavia, Jadzia tentò di trovare una soluzione a questa situazione e andò a cercare un posto in cui potessi stare. Purtroppo, tornò a mani vuote. Nel frattempo, la stanchezza ebbe la meglio su di me e mi addormentai su una sedia.

Dovevo andarmene, così lasciai la casa di Jadzia ancora mezza addormentata. Disse che non fossi riuscita a stare con la zia allora avrebbe cercato un'altra soluzione per me. Andai in via Liczakowski, non curante di come la zia avrebbe reagito al mio arrivo. Ero pronta a dare qualsiasi cosa per la possibilità di dormire un paio di giorni e di notti di fila.

Arrivai al numero 74 ma quando bussai alla porta non si udì nessun rumore proveniente dall'interno della casa. Bussai di nuovo e provai a girare la maniglia. La porta non era chiusa a chiave. Trovai Lala a letto nella sua stanza e sentii delle voci provenienti dalla cucin. Chiesi a Lala se ci fosse qualcuno a casa a parte la zia e Irka e le chiesi di chiamare sua mamma perché venisse in camera da lei. Lala tornò poco dopo, non con sua mamma ma con Nowicka. Lei, furiosa, indicò la porta e mi urlò, "Vattene subito!".

Non mi aspettavo certo di ricevere una calda accoglienza ma nemmeno una di questo tipo. Con difficoltà mi trascinai fino al tram. Ero in piedi vicino all'uscita quando vidi Heinen, un membro delle SS e uno dei sadisti del campo, assieme ad un altro tedesco. Non erano in strada quando scesi dal tram. Volevo entrare in ospedale ma in quel momento Heinen sbucò sul marciapiede proprio davanti al cancello. Scappai via e entrai dal cancello delle DAW.

Shichman, un inserviente ebreo, mi chiese da dove venissi ma poi scoppiando subito a ridere mi disse, "Hai provato a fuggire? Non mi interessa neanche, vattene al lavoro immediatamente". La campana suonò e corsi subito al punto di raccolta del mio gruppo.

Nel campo l'*Unterkunft* era stata sciolta a causa dei due che erano fuggiti. La notte successiva lo staff dell'*Unterkunft* venne trasferito nella caserma. Altri due vennero catturati mentre fuggivano e impiccati dietro alla lavanderia. Ulrich Jakubowicz, il meccanico e l'autista vennero rinchiusi nel "refrigeratore".

Quello fu un giorno molto triste nel campo. Le festività ebraiche si stavano avvicinando e l'avvento del nuovo anno contribuiva al sentimento generale di sconforto. Io stessa ero così depressa che il panico non mi toccava nemmen, vi ero totalmente indifferente, così come lo ero nei confronti di ogni cosa. Capii in quel momento perché tutti soccombevano alla morte con indifferenza. Non volevo più vivere, ero stufa della vita. Le donne camminavano per il campo in totale agitazione e molte di loro piangevano. Perfino Olga, l'inserviente, piangeva. Ala andò nella caserma.

Mi sdraiai subito nella mia cuccetta e mi sentii sollevata perché finalmente il mio desiderio di dormire in tranquillità si stava realizzando, in parte almeno. Ero esausta dopo il mio fallito tentativo di fuga.

Dopo un po' Bebi – che era venuta a fare un'ispezione – mi svegliò. "Janka, stai dormendo da sola?"

"Solo per stanotte."

Quando Bebi se ne andò un'altra donna salì nella mia cuccetta. Le chiesi perché e lei mi disse che Bebi l'aveva mandata qui.

"Ma perché? Hai sempre dormito nella caserma 5."

Lei mi rispose, "Non sono affari tuoi. Io dormo qua e basta!"

Lanciò un mucchio di vestiti e di cose sulla cuccetta e iniziò a svestirsi. All'improvviso sentii qualcosa cadermi sulla mano: una pulce che veniva dalla sua testa, i cui capelli erano stati rasati come quelli degli uomini. La guardai disgustata. Mi lanciò un sorrisetto e disse che era un miracolo che la mia testa era ancora pulita, dopotutto questo era un campo di concentramento.

Io le dissi, "invece di succhiare delle caramelle avresti dovuto comprare il Cuprex per la prevenzione contro le pulci, come ho fatto io. Se l'avessi fatto nemmeno tu avresti le pulci adesso". Presi le mie cose e quelle di Ala, le misi nella cuccetta di Olga e me ne andai dal capannone.

Fuori era buio e faceva freddo ma il mio corpo non percepiva niente di tutto questo. Mi scordai del quartiere ariano e dell'esecuzione. Ero molto arrabbiata con Bebi ma non c'era niente che potessi fare. La donna che aveva mandato nel mio letto prima condivideva il letto con la fidanzata del poliziotto del campo, la quale non voleva dormire con lei ed è questo il motivo per cui Bebi aveva organizzato uno scambio. Io ero mezza addormentata e non difesi il mio posto. Potevo prendermela solo con me stessa. Ma non avrei dormito con quella donna. La luce nel capanno era già stata spenta. Iniziai a rabbrividire dal freddo quindi tornai dentro al caldo e mi sdraiai sul lettino di Lucy che non era ancora ritornata dalla cucina.

Le donne stavano facendo un gran baccano e Olga, l'*Ordner*, urlò e si mise a piangere nel tentativo di ristabilire il silenzio. Oggi era particolarmente irritabile poiché doveva coprire anche il turno di Lilka, l'inserviente che era malata.

Lucy tornò quando tutto si era calmato di nuovo e la maggior parte delle donne stavano già dormendo. Olga si alzò e Lucy ci diede una notizia, sussurrandola nel buio. Dal giorno seguente tutti i membri dell'*Unterkunft* sarebbero stati trasferiti nelle capanne, compreso Orland e la moglie, e Ryszard, un *Aksner*. Non ci sarebbero più state le docce. Il poliziotto del campo di Lilka aveva pianificato di fuggire con lei. Lucy era convinta che Lilka fosse riuscita a corrompere uno degli *Askaris* così che chiudesse un occhio quando loro scavarono un tunnel sotterraneo sotto la torre di veduta. Ma il poliziotto fuggì da solo.

Quando ebbe finito di parlare Lucy mi bisbigliò all'orecchio: "Se hai delle conoscenze, ti consiglio di fuggire domani". Iniziai a ridere ricordandomi la mia trovata della mattina nella parte ariana. Lucy era sconvolta dalla mia risata.

Senza dire una parola le mostrai il mio libretto con i biglietti del tram, di cui otto erano ancora inutilizzati – un ricordo della mia avventura.

Lucy scoppiò in lacrime e in quel momento volli consolarla, ma come? Capivo benissimo come si sentisse. Stava attraversando quella fase da cui io ero già passata: la lotta con me stessa, con quella voce dentro di me che mi urgeva a combattere, a vivere. Dopo l'esperienza a casa della zia, quella voce si era zittita da sola.

Mi ero riconciliata col mio destino, ero diventata una morta vivente. Solo io avevo il coraggio di uscire, di fuggire nella parte ariana mentre Lucy era terrorizzata all'idea. La capivo. Una volta era stata fuori da Leopoli facendosi passare come la fidanzata di un contadino ma un amico l'aveva segnalata. Aveva passato quattro mesi nella prigione di Lacki e Risiek, l'*Akser*, la salvò da Piaski. Non aveva nessuno da cui andare, perciò fuggire dal campo significava per lei una morte sicura. Per questo motivo era più sicuro per lei rimanere nel campo, con Ryszek, con Olga e con tutti gli altri.

Accarezzai la sua schiena e i capelli ricci cercando di confortarla. Ma non sapevo che cosa dire, io stessa avevo bisogno di essere confortata.

———————————————

1. Bumek (Abraham) Wahrman, un membro del movimento Hashomer Hatsair e attivo nell'organizzazione clandestina del ghetto di Leopoli e del campo di Janowski, ottenne delle pistole da soldati italiani. Fuggì dal campo ma fu catturato e fucilato nella parte ariana della città.

11

ROSH HASHANA E YOM KIPPUR NEL CAMPO – LA FUGA

Il giorno seguente, il martedì, fu un giorno molto triste. La mattina del Rosh Hashanah – il Capodanno ebraico – l'ospedale venne svuotato, anche i malati che vi erano andati solo per curare una piaga vennero mandati a morire.

A mezzogiorno andai al campo per mangiare. Orland, che aveva studiato per diventare Rabbino prima della guerra, ci salutò personalmente e da parte delle guardie ebree disse, "Spero che quest'anno sarete tutti liberi". Tutti scoppiarono a piangere, Orland compreso. Ci stringemmo le mani a vicenda.

Mi avvicinai a Orland e dissi, "spero che tuo figlio sia per te motivo di orgoglio". Questa era una benedizione tipica tra gli ebrei. Volevo piangere ma mi sentii soffocare: non avevo più lacrime in me. L'idea di poter essere libera sembrava così lontana e irraggiungibile. Non mi potevo immaginare libera.

Tornammo all'officina ma non c'era nessun lavoro da fare. Solo l'ispettore (*Aufseher*) era presente. Siccome non riuscivo a stare seduta senza lavorare uscii dall'officina. Incontrai la signora svizzera, Magierowska, che stava in piedi col naso al cielo – dopo la liquidazione dell'officina 'ariana' lei era rimasta nelle DAW come supervisore. Mi salutò con queste parole: "Oh sciocca, avresti potuto passare le vacanze a Varsavia e invece sei qui, ad aspettare la morte". "E se invece di essere in viaggio per Varsavia fossi finita a Piaski?" le domandai. Corsi via senza aspettare una risposta.

Girai a zonzo per le capanne e a tutti quelli che incontravo auguravo "che tutto finisca presto", oppure "libertà". Quando mi stufai di ripetere all'infinito le stesse parole iniziai ad offrire solo la mano in silenzio. Ogni persona che incontrai quel giorno aveva le lacrime agli occhi.

Le festività avevano riportato a galla i ricordi dei festeggiamenti in famiglia. Io personalmente non avevo tanti ricordi delle feste. Nella mia famiglia prima della guerra papà non pregava. Solo i nonni accendevano le candele. A Yom Kippur – il giorno dell'espiazione – la mamma digiunava e non mangiava con me e papà.

L'anno prima, il giorno di Rosh Hashanah era il giorno in cui stavo tornando a Leopoli da Czarny Potok, un villaggio vicino a Leopoli. Come ero contenta di rivedere Mamoushia!

Tornai nell'officina quando udii il suono del fischietto che annunciava la fine del lavoro. Marciammo a gruppi di cinque dall'officina alla piazza d'armi. Coloro che lavoravano in lavanderia avevano finito presto, così entrai nel loro capannone.

Jakuboviczowa, madre di Bronek Jakubovicz e a capo della lavanderia del campo, era seduta al tavolo. Aveva acceso delle candele e attorno a lei in cerchio un gruppo di donne piangeva, pregando che suo figlio fosse liberato. Lei rispose pacatamente, come se suo figlio non si trovasse nel 'refrigeratore'. Io non riuscivo a sopportare quella vista. Me ne andai. Anche negli altri capannoni le donne stavano piangendo nelle loro cuccette.

Per giorni si sentivano solo i pianti delle donne nel campo, poi quelli che erano fuggiti ritornarono. L'*Unterkunft* venne riaperto, con l'orchestra che suonava alle parate. Jakubovicz venne rilasciato dall'isolamento e le docce vennero riaperte. Quelli che erano fuggiti vennero condannati a 100 colpi di frusta e poi vennero mandati ai lavori forzati.

L'ultimo giorno prima del digiuno venne organizzata una festa nell'*Unterkuft* per celebrare le festività. Venerdì mattina quando il supervisore tedesco era assente, organizzammo un piccolo concerto al tavolo dei 'rifinitori'. Elza Kantorska cantò, Danka Buchholtz fischiettò e io ballai insieme agli altri. Prima della fine della serata mi addormentai sotto al tavolo. Le donne erano felici che ci sarebbe stata una buona zuppa. Erano venute a saperlo perché alcune donne delle DAW erano state mandate a lavorare in cucina. Orland si assicurò che avessimo un pasto degno delle festività. Ci diedero una zuppa molto densa con fiocchi d'avena e fagioli e all'entrata della mensa Bebi diede ad ognuno due fette di pane e una mela.

Aspettai felice l'arrivo della notte così che potessi andare subito a dormire senza dovermi andare a lavare subito dopo essere tornata dal campo, e dormire un'oretta in più prima che cambiasse l'ora.

Il giorno seguente era un sabato, il che voleva dire che mi spettava una doccia e poi mezza giornata di riposo! Quando tornammo era già buio. Le donne accesero le candele e piansero mentre rimanevano raccolte in preghiera. Guardai nelle fiamme: in quel momento credetti veramente che il Signore potesse effettivamente vederci. Ci vedeva e vedeva che nonostante le condizioni difficili noi lo esaltavamo e lo ringraziavamo. Non avrebbe permesso che l'ultimo gruppetto di sopravvissuti fosse ucciso all'ultimo momento.

Mi sdraiai sul mio lettino. Ala mi chiese se avessi intenzione di digiunare. Non avevo una risposta. Digiunare è un comandamento religioso, in memoria della sofferenza degli ebrei, e io ero un'ebrea come loro. Non volevo scavare più in profondità di così perché temevo che avrei smesso di credere in Dio: la fede è sinonimo di speranza e io non avevo nessuna. Decisi di digiunare.

Al mio risveglio andai nella piazza d'armi dove l'orchestra stava suonando come al solito. I lavoratori delle DAW si erano messi in fila per andare alle docce. Per due ore rimanemmo in piedi a congelarci mentre fummo contati ben dieci volte.

Dopo un po' fummo trasferiti sotto il controllo degli *Askaris* e della polizia del campo. Uno degli *Askaris* e un membro della polizia ebraica, Borgen, marciavano in testa, e dietro di loro seguivano le inservienti.

Marciammo speditamente accompagnandoci con il canto. Alcuni passanti ci osservavano, alcuni seguivano con lo sguardo Lilka, la ragazza più bella del gruppo. Borgen, ovviamente, prese a frustare alcune donne. Inaspettatamente, qualcuno gli tirò un pugno in faccia. Fu Kraut, delle DAW, un ebreo che era stato portato nel campo non come un regolare prigioniero ma come ufficiale, un prigioniero di guerra. Venimmo circondate da donne e da mercanti ucraini ma a causa delle festività nessuno di noi comprò nulla e per questa volta ci fu un ordine esemplare.

Arrivati ai bagni della città le donne corsero dentro alle porte, spingendosi a vicenda e litigando per decidere chi sarebbe entrata per prima. La prima colonna entrò. Io non volevo rimanere fuori in piedi ad aspettare, avevo già molto freddo e mi facevano male i piedi.

Chiesi a una parrucchiera che avevo conosciuto nella mensa dell'*Unterkunft* e che ora era diventata inserviente se poteva farmi entrare da davanti. Rimanere in piedi sotto al getto di acqua calda era un piacere indescrivibile. Mi lavai per bene. Quando il primo gruppo di donne finì di lavarsi il secondo iniziò a svestirsi. Non volevo andarmene per poi aspettare con le altre donne all'entrata. Mi rannicchiai nell'angolo delle docce finché anche il secondo gruppo non ebbe finito e andai di nuovo sotto l'acqua calda.

Le donne litigavano e si spintonavano per andare sotto al getto d'acqua. Un *Askari* o un tedesco entrarono e iniziarono a colpire le donne a destra e a manca per ristabilire il silenzio.

Dopo esserci lavate ci ricontarono un'altra volta. 'La signorina Frania', il nostro soprannome per Borgen, non era certo restio a usare la frusta, e anch'io venni colpita diverse volte. Finsi che niente fosse successo, ma la cosa che mi feriva di più era che il fatto che era stato un ebreo a colpirmi.

Sul tragitto del ritorno non c'era più nessun tipo di ordine. Gli *Askaris* spararono colpi di fucile per intimidirci e 'la signorina Frania' iniziò a frustare gente senza sosta. Uno degli *Askaris* arrivò al punto di litigare con Borgen per difendere una delle donne.

Rientrate al campo, andammo immediatamente nella mensa. All'entrata c'erano le solite scodelle con la zuppa ma nessuno ne prese. Orland ci chiamò tutti e altri dieci uomini arrivarono e iniziarono a pregare con lui. Alcune donne tirarono fuori dei fogli di carta su cui avevano scritto delle preghiere per i morti. Molte piangevano.

Invece di piangere o pregare iniziai di nuovo ad avere dubbi sull'esistenza di Dio. Perché dovrei digiunare? Non ci stavamo solo illudendo? Per l'ennesima volta, smisi di credere.

Tornai al campo delle donne ma non avevo nessuna fame e mi addormentai subito. Alle 4 del mattino mi svegliai e mangiai una fetta di pane con la salsiccia con Ala. Ero l'unica del mio capannone che aveva abbandonato il digiuno. Ala e Olga non avevano nemmeno iniziato a digiunare. Una volta sazia mi rigirai nel letto e mi riaddormentai.

Il tempo fuori era freddo. L'orchestra suonava ancora e l'*Unterkunft* era funzionante. A causa del freddo non riuscivo a dormire la notte. Bumek Wahrman e Helena Grün, un poeta che scriveva in yiddish erano gli unici che mi confortavano. Dicevano che di lì a breve sarei stata portata nella parte ariana e poi a Cracovia. Non credevo alle loro parole quindi il mio umore non migliorò. Dopotutto le persone pensano solo a se stesse. A chi importa di una ragazzina di nome Janina Hescheles tanto da rischiare la propria vita per salvare la sua? E senza ricevere niente in cambio?

Ero tristissima. Avevo perso tutta la voglia di vivere. Le ultime parole della mamma prima che la lasciassi erano state, "sopporta tutta la sofferenza, fallo per me". Queste parole erano l'unica cosa che mi dava forza, ma spesso in me aveva il sopravvento un sentimento di risentimento verso la mamma.

Mi vennero i brividi e non mi sentivo bene. Chiesi a un medico che conoscevo, il dott. Herzl, di aggiungere il mio nome alla lista degli ammalati per un giorno e rimasi nella capanna tutta la giornata. Quella sera andai alla *Waschraum* quando i lavoratori delle DAW erano di ritorno. All'improvviso Rena, che in futuro avrebbe cambiato il suo nome in Elzbieta, mi corse incontro, mi trascinò in disparte e sussurrò, "Boruchovicz [Borwicz] ci porterà a Cracovia, partiamo domani!" Sentii le sue parole, ma non compresi fino in fondo il loro significato.

Gli uomini arrivarono dal lavoro. Ci avvicinammo a Wahrman e al cugino di Rena. Wahrman mi disse che il giorno seguente alle 4 in punto dovevamo farci trovare all'angolo tra via Sloneczna e via Szpitalna, vicino alla farmacia tenendo in mano un giornale. Dovevamo avvicinarci a una donna con una giacca colorata e dirle la parola d'ordine, 'Bronek'.

Il giorno seguente, martedì, andai a salutare la famiglia Jakubowicz. Bumek Wahrman, che si trovava lì, mi disse di essere coraggiosa. Mi unii alle donne della cucina che stavano andando ai bagni.

Quando abbandonai le DAW non provai paura. Mi muovevo con difficoltà ed ero molto stanca; mi sembrava quasi che stessi vivendo un sogno. Camminai al fianco di rena e andammo verso via Szpitalna. Zośka Mechanik cantava *'Ich fuhr a heim'* (sto andando a casa). Mi sembrava che le parole che sentivo fossero, 'sto tornando a casa, sto tornando alla vita'.

Dietro di noi marciavano Eisenberg, Dubs e il *Werkordner*. La colonna di donne girò in via Rappaport ma noi continuammo dritte in via Janowska. Al punto d'incontro prestabilito incontrammo Ziutka Rysinska, un agente di comunicazione del Degota. A Wierzbicki trovammo anche Bumek che si stava lavando la giacca con del latte. Bumek ci diede l'indirizzo della signora Winiarska e dormimmo da lei quella notte.

Da quel momento io venni chiamata Marysia e Rena Elzbieta. Ci abbracciammo e baciammo contente una volta nel letto.

Il mercoledì lasciammo la casa della signora Winiarska. Siutka ci passò a prendere e ci disse che Bronek era già andato.

La fuga mia, di Rena, e di sua cugina Hela non causò nessuna ripercussione nel campo, grazie a quei detenuti che facevano parte dell'organizzazione clandestina e falsificavano i registri dei prigionieri. Dopo la fuga di Bumek misero il suo amico in isolamento ma fu riscattato.

Elzbieta mi dava ordini: "Marysia, cammina! Marysia, veloce! Marysia, siediti! Marysia, alzati!" io le obbedivo automaticamente come una bambina di tre anni obbedisce la sua babysitter.

Quando ero seduta sul treno stentavo a credere che fossi veramente in viaggio verso una nuova vita – a Cracovia. Mi sembrava di sentire il rumore delle donne che si affaccendavano nelle baracche, le urla di Olga Grünfeld e di Bebi che cercavano di imporre il silenzio.

A Cracovia vidi Maks Borwicz. Nel campo il signor S. mi aveva chiesto di portargli i suoi saluti ma me ne dimenticai. In seguito, mandai un telegramma a Bronek. Mi separai da Elzbieta, lei mi baciò e io estesi automaticamente la mano.

Ziutka mi portò dal signor Mietek [Mieczyslaw]. Mieczyslaw Piotrowski [Peleg] aveva delle carte false che lo identificavano come *Volksdeutsche* (di etnia tedesca). Come attivista del Degota era responsabile della comunicazione coi campi di concentramento.

Mi sembrava che mi stessi risvegliando da un sonno mortale e non sapevo dove mi trovassi. Non potevo credere di essere veramente in una stanza, sdraiata su un letto con nessuno a interrompere il silenzio.

EPILOGO

Leopoli. L'Olocausto attraverso gli occhi di una dodicenne non è solo la mia storia. È la storia della vita di tutti gli ebrei del ghetto di Leopoli e nel campo di concentramento di Janowski. Questa storia ebbe inizio il giorno in cui i tedeschi entrarono in città – il 30 giugno 1941 – e terminò qualche settimana prima dello sterminio degli ebrei rimasti a Leopoli e in tutta la Galizia – tra l'ottobre e il novembre 1943. Questo rende il mio libro un documento storico. Vorrei ora dire qualche parola a ricordo delle persone che ebbero un ruolo fondamentale nella vita di questa comunità.

Nel mio diario ho menzionato più volte il dott. Jozef Parnas, il primo leader del *Judenrat* che all'epoca aveva 70 anni. Egli rimase a capo del *Judenrat* per solo quattro mesi dopo i quali venne arrestato, torturato e fucilato come punizione per essersi rifiutato di consegnare 500 giovani al campo di Janowski come gli era stato comandato. Il suo successore, il dott. Adolph Rotfeld, che anche si rifiutò di eseguire gli ordini dei tedeschi, era in cattiva salute e morì di cause naturali dopo quattro mesi passati a capo del *Judenrat*. Henryk Landesberg fu il terzo capo del *Judenrat* e nonostante avesse obbedito agli ordini dei tedeschi, venne impiccato dal balcone del *Judenrat* insieme ad altri undici poliziotti ebrei.

Il dott. Maksymilian Kurzrok, a capo dell'ospedale del ghetto e di quello del campo di Janowski, viene nominato diverse volte nel diario. Grazie alla sua posizione a capo dell'ospedale era in grado di spostarsi liberamente dal ghetto al campo e poté così portare medicinali ai bisognosi.

Quando il ghetto stava per essere liquidato Kurzrok decise di fuggire e, allo stesso tempo, cercare di salvare la vita a un gran numero di giovani membri dello staff dell'ospedale. Armati di documenti falsi gli impiegati dovevano unirsi alle brigate polacche e ucraine che si stavano occupando della difesa delle fortificazioni a Dnepropetrovsk. Il progetto fallì. Peschesz e Szwadrom – due ebrei che lavoravano per la Gestapo – riconobbero Kurzrok alla stazione di Leopoli e lo segnalarono al gruppo.[1] Furono tutti fucilati.

Precedentemente, preoccupato della sorte dei membri più anziani e delle loro famiglie, Kurzrok aveva creato per loro un posto in cui si potessero nascondere, che si trovava nello scantinato dell'ospedale. Ci si poteva arrivare tramite il camino nella cucina a casa della signora Labiner. Kurzrok sperava di poter fornire ai lavoratori dell'ospedale un rifugio durante la liquidazione del ghetto. Loro riuscirono a sopravvivere la liquidazione ma non avendo mezzi per sopravvivere si consegnarono ai tedeschi. Furono prima portati al *Frauenlager* ma si rifiutarono di seguire gli ordini e di svestirsi prima dell'esecuzione e si avvelenarono in un gesto collettivo. Mia madre era una di loro.

Ho menzionato anche Ryszard Akser, Bronek Jakubowicz e Abraham Wahrman. Bronislaw Jakubowicz, un prigioniero che lavorava nell'*Unterkunft*, era attivo come membro dell'organizzazione clandestina del campo. Akser e Jakubowicz lavoravano nell'ufficio dell'*Unterkunft* del campo di Janowski e, con l'aiuto di alcuni *Ordner* – che erano incaricati di mantenere l'ordine nel campo – erano a capo di una squadra segreta per aiutare i prigionieri del campo.

Appena arrivati al campo, per esempio, ogni prigioniero doveva registrarsi all'*Unterkunft*. Quando mi venne chiesta la mia data di nascita risposi che era il 1931, ma Akser scrisse 1929. Aggiungeva anni ai più piccoli e ne toglieva ai più anziani per salvarli da morte certa. Akser rifiutò sempre ogni offerta di fuga. Invece, rimase nel campo ad aiutare gli altri prigionieri. Venne ucciso quando il campo fu liquidato il 19 novembre 1943.

Abraham (Bumek) Wahrman era un membro del Hashomer Hatzair, un movimento della sinistra Zionista. Fu un membro della resistenza prima nel ghetto e poi nel campo. Dei soldati italiani gli diedero delle pistole e lui riuscì finalmente a fuggire dal campo. Tuttavia, fu arrestato e ucciso nella parte ariana.

Per quanto riguarda la mia famiglia invece, mio padre era capo curatore di *Chwila* (Il momento), un quotidiano ebraico pubblicato in polacco prima della guerra. *Chwila* era molto popolare e aveva due edizioni, quella della mattina e quella della sera. Fu fondato del 1919 da Gerszon Zipper, il cognato di mio padre (marito di sua sorella) poco dopo il pogrom del 1918.

Il giornale aveva un supplemento letterario molto popolare tra i non-ebrei, e un altro per i bambini, *Chwilka* (Il piccolo momento). Mia madre, infermiera di professione, era anche insegnante di ebraico. La sua famiglia parlava yiddish e osservava le tradizioni religiose.

Nel settembre 1939 mio padre e suo fratello Mundek, anche lui giornalista per il *Chwila*, fuggirono da Leopoli al momento dell'invasione tedesca, convinti che donne e bambini non corressero nessun pericolo. I due fratelli riuscirono ad attraversare il confine ed arrivare in Romania e si trovavano a Bucarest quando scoprirono che non erano i tedeschi ad aver invaso Leopoli, ma i sovietici. Mio padre tornò subito indietro. I sovietici lo fermarono e catturarono sul confine e passò diversi mesi nella prigione Brygidki, a Leopoli, dopodiché fu mandato in Russia.

Questo fu un periodo molto difficile per mia madre. Portava dei pacchetti e corrispondenze alla prigione e spesso tornava esausta con un pacchetto ancora tra le mani. Tre mesi prima l'invasione tedesca dell'Unione Sovietica (Operazione Barbarossa) mio padre tornò a casa. Le prime pagine del diario descrivono il suo ritorno e quel breve periodo di tempo che passammo insieme.

Quando i tedeschi arrivarono a Leopoli, i sovietici diedero inizio alla loro ritirata, dando fuoco a tutte le prigioni della città senza prima evacuare i prigionieri che si trovavano al loro interno. Ucraini, polacchi e ebrei, criminali e prigionieri politici morirono. La maggior parte dei detenuti erano ucraini.

Molti ebrei avevano incoraggiato l'unione sovietica durante l'occupazione di Leopoli, vedendoli come la via di fuga dai tedeschi. La soluzione più facile, quindi, fu di incolpare gli ebrei dell'incendio delle prigioni e incitare la popolazione ucraina (col supporto dei tedeschi) ad organizzare un pogrom contro di loro. Fu durante tale pogrom che mio padre morì nella stessa prigione in cui fu detenuto durante l'occupazione sovietica.

Mio zio Mundek (il fratello di mio padre che aveva lo stesso nome del fratello di mia madre) non tornò dalla Romania. Marysia, la donna con cui viveva prima della guerra, non era ebrea e rimase a Leopoli con le loro due figlie. Siccome le figlie erano mezze ebree (*Mischlinge*) erano considerate secondo la terminologia nazista ebree di primo grado. Per questo motivo la loro vita era comunque in pericolo. Zia Marysia era stata minacciata e ricattata diverse volte e la mia presenza in casa sua minacciava la vita delle sue figlie. Per proteggerle avrebbe detto qualsiasi cosa, anche che Mundek non era il vero padre.

Come emerge dal diario, zia Marysia mi bandì da casa sua diverse volte. Ero troppo giovane per capire il suo comportamento allora e il modo in cui la descrivo nel mio diario è ingiusto. Diciott'anni dopo, quando io stessa divenni madre, mi resi conto che avrei anch'io fatto la stessa cosa per proteggere i miei figli.

I pogrom, massacri spontanei di ebrei condotti dagli ucraini, furono seguiti da un periodo di *Aktion*, massacri di ebrei organizzati dai tedeschi. Le mie memorie raccolgono la cronaca degli eventi durante i quali la mia famiglia venne decimata.

Come succede spesso, il caso determina il destino di un individuo e di un gruppo. Mia madre provò diverse volte a mettermi in salvo nella parte ariana e ogni volta fui costretta a tornare indietro.

Eppure, fu proprio nel campo di Janowski dove non c'era nessun tipo di speranza di salvezza, che grazie alle mie poesie incontrai Michal Borwicz, un prigioniero, scrittore e poeta.[2] Gli *Ordner* della nostra baracca mi avevano segnalata a lui. È a lui che devo la mia vita, così come anche ai molti, coraggiosi polacchi che anche in un luogo tale – nel campo di concentramento – cercavano di stimolare delle attività culturali e infondere un senso di dignità ai detenuti di fronte al genocidio.

Borwicz veniva da Cracovia. Quando scoppiò la guerra nel 1939 si trovava a Leopoli in vacanza, fu separato dai suoi amici a Cracovia che all'epoca era occupata dai tedeschi. I suoi amici polacchi erano membri del Partito socialista polacco e avevano organizzato delle attività clandestine durante i primi giorni della guerra. Alcuni membri del gruppo erano ebrei che operavano sotto copertura con delle identità false e avevano dei legami con lo *Degota*, a sua volta fondato da organizzazioni polacche clandestine.

Nel 1941 dopo che Leopoli fu occupata dai tedeschi, gli amici di Borwicz riuscirono a trovarlo nel campo di Janowski e organizzarono la sua fuga.[3] A quel punto Borwicz insisté perché anche altre persone venissero salvate. La mia fortuna fu di essere una di quelle.

Dopo la fuga dal campo rimanemmo per qualche giorno con una famiglia a Leopoli. Ci cambiammo i vestiti, mangiammo in abbondanza e ci vennero date delle identità false, ariane. Dopodiché Ziuta Rysinka, un agente di collegamento di 18 anni, ci accompagnò a Cracovia.

Passammo alcune notti a casa di Maria Hochberg-Marianska. Lei era incaricata di trovarci un rifugio – uno dei compiti più difficili. Io fui mandata da Wanda Janowska anche lei un'attivista dello *Degota* ed estetista che più avanti sposò Wladyslaw Wojcik. Di giorno riceveva clienti in casa mentre la sera la sala principale si trasformava in un laboratorio di produzione di documenti falsi per gli ebrei.

Tre settimane dopo la mia fuga Marianska mi diede un quaderno e una matita e mi chiese di scrivere tutto quello che mi ricordavo. Il manoscritto venne nascosto accuratamente durante la guerra. Fu poi affidato agli archivi privati di Borwicz, il quale a sua volta li trasferì agli archivi del Ghetto di Israele nel 1981.

Io dovetti spostarmi diverse volte. L'ultimo posto in cui finii fu l'orfanotrofio di Jadwiga Strzalecka[4], che fu spostato a Poronin ai piedi dei Tatras nel 1944 dopo il fallimento della rivolta del ghetto di Varsavia.

Nell'orfanotrofio si trovavano circa venti bambini ebrei e alcune donne ebree che vi avevano trovato rifugio come impiegate. Alla fine della guerra l'orfanotrofio si spostò a Sopot, sulla costa del Baltico. Rimasi lì finché non finii il liceo. Fu in quel momento che ricevetti una lettera da zia Mania, la sorella di mio padre, che viveva a Gerusalemme. Mi scrisse che le avrebbe fatto piacere ospitarmi e che casa sua sarebbe stata anche casa mia. La lettera risvegliò in me la mancanza della famiglia, per coloro che non erano più con me e coloro che invece potevano esserlo e ancora non conoscevo.

I primi anni in Polonia dopo la guerra furono anni pieni di speranza. Speranza che un nuovo mondo migliore stesse per nascere. I giovani potevano sperare in un futuro promettente, potevano scegliere il loro percorso e i loro studi.

Nel 1950 dopo aver finito il liceo partii per Israele con un gruppo di immigrati legali. Israele era ancora un paese povero allora e gli immigrati venivano ospitati in grandi capannoni (*Ma'abarot*).

Una sera – mentre vivevo ancora nel campo di transizione per gli immigrati chiamato Shaar Haaliya – partii per Gerusalemme per andare a trovare mia zia Mania. Bussai alla sua porta ma nessuno mi aprì. Un vicino di casa mi disse che la zia era ricoverata all'ospedale Bikour Cholim: aveva il cancro.

Quando l'andai a trovare in ospedale quella sera mi riconobbe immediatamente. Mi prese la mano e la baciò mormorando quanto fosse felice di vedermi. Scrutai con attenzione il suo volto ricercando in esso quello di mio padre. Aveva gli stessi occhi. Quella fu la prima e ultima volta che la vidi.

Feci un corso semestrale di ebraico a una scuola di lingua chiamata *Ulpan*. I due anni successivi li passai facendo il servizio militare obbligatorio. Abbandonai l'idea di intraprendere degli studi letterari perché il mio ebraico non era abbastanza buono, così decisi di studiare Chimica all'Istituto Tecnologico Tecnico di Israele ad Haifa, lavorando part-time per pagarmi gli studi. Abitavo con altre tre o quattro donne in una casa per ragazze (Beth Ha-Halutzot).

Durante l'ultimo anno di studi ottenni una posizione come ricercatrice e fu in quel momento che incontrai Kalman, un altro ricercatore. La Guerra del Sinai nel 1956 fu una sorta di catalizzatore nella nostra relazione. Kalman fu chiamato per combattere in guerra, il nostro primo figlio Eitan nacque mentre mi stavo preparando per il dottorato e il secondo quando lo stavo finendo.

Una volta terminato il dottorato mi trasferii con la mia famiglia a Londra per studiare all'Imperial College. Fu lì che la sera, quando i miei figli erano ormai a letto, iniziai a scrivere un romanzo che riprendesse in mano il mio passato. Il libro, intitolato *Hem od Chayim* (sono ancora vivi)[5] pubblicato con lo pseudonimo di Tzvia Eitan vinse un premio in una competizione letteraria anonima nel 1967 organizzata dall'Associazione di Curatori e Compositori.

Durante la mia carriera di ricercatrice lavorai prima ad Haifa, all'Istituto tecnologico di Israele, all'Istituto Weizmann a Rehovot e all'università Ludwig-Maximilian a Monaco di Baviera. È per me un grande privilegio essere stata parte del mondo della chimica durante la seconda metà del ventesimo secolo.

Terminai la mia carriera professionale a 65 anni, e mi dedicai alla domanda che da sempre mi tormentava: in che modo fu possibile che il regime nazista salì al potere proprio in Germania – un paese che nel diciannovesimo e ventesimo secolo ospitava una comunità scientifica famosa in tutto il mondo e in cui l'assimilazione degli ebrei era la più completa in Europa? Allo stesso tempo ero affascinata da coloro che in Germania combatterono il nazismo. Nel 2007, dopo oltre dieci anni di lavoro, il mio libro *La rosa bianca – studenti e intellettuali in Germania prima e dopo l'ascesa di Hitler* venne pubblicato in ebraico in Israele.[6]

Lo storico britannico Edward Gibbon (specializzato nel diciottesimo secolo) scrisse: "La storia umana non è altro che una cronaca dei crimini, delle follie e delle sfortune dell'uomo".

Lo scienziato e filosofo israeliano Yeshayahou Leibowitz aggiunse: "La storia umana è anche una lotta contro i crimini, contro le follie e le sfortune dell'uomo. Che l'uomo ne esca vittorioso non è sicuro ma è con questa lotta che le pagine più illustri della storia umana sono state scritte".

Il mio diario fu pubblicato in polacco nel 1946 dalla Commissione Storica Ebraica a Cracovia.[7] Tra il 1958 e il 1960 fu pubblicato a Berlino in un'antologia di diari della Shoah che fu ristampata in sette edizioni.[8]

Il diario andò in ibernazione per i successivi 60 anni, anni in cui solo alcuni estratti vennero pubblicati in varie lingue.

Il ghiaccio fu rotto di nuovo nel 2011 quando Ada Dianova direttore dell'Istituto culturale ebraico a Leopoli in Ucraina decise di tradurlo e pubblicarlo in ucraino e russo, per ricordare il periodo di fioritura della cultura ebraica a Leopoli prima della Shoah. Seguirono altre pubblicazioni in altre lingue.⁹

Tutte queste traduzioni hanno un epilogo in cui ripercorro il corso della mia vita fino al momento della pubblicazione dopo la fuga da Janowski.

---

1. Queste informazioni riguardo ai tentativi di Kurzrok di salvare i membri più anziani dello staff dell'ospedale mi fu riferito da una sua parente, la signora Adlersberg.
2. Grazie a Mieczyslaw Piotowski (conosciuto più tardi in Israele come Mordecai Peleg), un agente di contatto tra Cracovia e Leopoli del Degota
3. Jadwiga Strzalecka salvò dozzine di bambini ebrei e donne. Ebree che lavoravano con i bambini nell'orfanotrofio. Quando l'orfanotrofio era ancora a Varsavia vennero i tedeschi per un'ispezione che condussero un "test antropologico" per verificare che non ci fosse nessun bambino ebreo nell'orfanotrofio. Non ne trovarono nessuno.
4. Pubblicato con lo pseudonimo di Tzvia Eitan (preso dal nome dei miei figli) da Alef a Tel Aviv, 1969.
5. Janina Altman, *Havered Halavan* (La rosa bianca), Pardes, Haifa, 2007. La prima parte di questo lavoro fu pubblicata in tedesco: Janina Altman, *Naturwissenschaftler vor un nach Hitlers Aufstieg zur Macht*, Amazon (Kindle), 2013.
6. Janina Hescheles. *Oczyma dwunastoletniej dziewczyny, Wojewodzka Zydowska Komisja Historyczna*, Cracovia, 1946.
7. Janina Hescheles, *Mit den Augen eines zwölfjährigen Mädchens*, in Im Feuer vergangengen, Tagebücher aus dem Ghetto, Verlag Rutten & Loening, Berlin, 1958, pp. 299-357.
8. Ucraino: Яніна Гешелес. *Очима дванадцятирічної дівчинки*. Переклав Андрій Павлишин, Дух і літера, Kiev, 2011. Russo: Янина Хешелес. *Глазами двенадцатилетней девочки*, Перевод Владимира Каденко, Дух і літера, Kiev, 2011.
9. Catalano: Janina Hescheles, *Amb els ulls d'una nena de dotze anys*, Riurau Editors, Jaume Ortolà, Barcellona, 2012 (3 editions). Spagnolo: Janina Hescheles. *Con los ojos de una niña de doce años*, Hermida Editores, Madrid, 2014. Finlandese: *Janinan päiväkirjät*, Like, Helsinki. 2015. Polacco: seconda edizione: *Oczyma dwunastoletniej dziewczyny*, Commissione Storica Ebraica, Varsavia, 2015. Ebraico: Janina Hescheles, בעיני ילדה בת שתים-עשרה , Pardes Publishers, Haifa, 2016. Francese: *Les Cahiers de Janina* (il diario di Janina), Classiques Garnier, Parigi, 2017. Tedesco: Janina Hescheles, *Mit den Augen eines zwölfjährigen Mädchens*, Metropol, Università di Giessen, 2019.

POESIE DI JANINA 1941-1945

La nostalgia
Durante il riposo
Durante il silenzio
Qualcosa mi sussurra nell'orecchio,
Insistente,
Un momento di dolore.
Chi è che sussurra? – la nostalgia
Quando i pensieri si agitano, erratici,
Sento il bisogno violento di piangere.
Qualcosa mi stringe il cuore
Che cos'è?
La nostalgia.
Bramo il ritorno alla felicità del passato,
Quando i miei genitori, aperte le porte della vita,
Mi offrivano parole di amore e carezze
Che cosa mi è rimasto di tutto questo?
La nostalgia.

Quartiere ariano di Leopoli, settembre 1942 – febbraio 1943.

***

Arriverà quel giorno
I giorni di sofferenza e di dolore finiranno,
Migliaia di corpi dimenticati
Saranno ammassati dietro al filo spinato,
Ma arriverà quel giorno,
Arriverà quel momento
In cui la gioia regnerà di nuovo su di noi
In cui il sole splenderà anche per noi
Lo stesso sole che ora dorme anche d'estate.
Una canzone risuonerà,
Una canzone di gioia,
Quando il clamore della vittoria si rivolterà contro
Gli autori del nostro dolore.
Solo in quel momento cesseranno il male e il dolore dell'esistenza,
Solo in quel momento il tormento terminerà.

Quartiere ariano di Leopoli, settembre 1942 – febbraio 1943.

***

I pochi rimasti
Così poca della nostra gente è rimasta.
Una volta ammirati, ora calpestati,
Sono i pochi rimasti torturati nei campi,
Senza sentenza, senza diritti, senza speranza, solo sospiri.
Questi avevano famiglie una volta
Conoscevano la felicità del focolare di casa,
Ora, privati di quel calore
Siamo umiliati.
Predichi buone azioni e torturi gli innocenti?
Se un prigioniero osa alzare la testa
E pronunciare anche solo una parola, allora questo pazzo
Sì, pazzo
(la verità fa sempre male)
Cerca di scuotere il mondo con la forza dei suoi pugni.

Campo di Janowski, 1943

***

Weyssenhof
Una piccola stanza con le inferiate alle finestre chiamata cella.
Sessanta persone al suo interno,
Condividono le loro ultime ore.
La morte si avvicina, nascosta nelle ombre,
Ogni minuto sembra durare un anno.
Un ragazzo e una ragazza sono seduti in un angolino,
Lui le sussurra:
Ti avevo promesso, amore mio,
Che non ti avrei mai lasciato,
E ho mantenuto la mia promessa,
Nemmeno la morte ci separerà.
La ragazza, piangendo, risponde:
Preferirei che tu fossi lontano da me,
Preferirei essere da sola qua dentro.
La cella si apre,
Una donna viene sbattuta dentro,
Un bambino la segue,
Lui la abbraccia e mormora:
Ho paura, mamma, ho paura.
Non avere paura, figlio mio, non avere paura,
E dentro di lei pensò:
Prima che comincino gli spari
Ti coprirò gli occhi con le mie mani.
Il sole tramonta.
Esausta,
La gente è sdraiata sul pavimento.
Il sole sorge di nuovo,
E quando la città è ancora intorpidita,
Nove furgoni arrivano a Weyssenhof.
Gli occupanti della cella salgono
E a Piaski la loro vita giunge al termine.

Uno dei prigionieri lavorava a Flik,
raccattando i vestiti delle vittime.
All'improvviso, si piega, affranto,
stringendo tra le mani un vestito rosa,
dalla tasca tira fuori la foto della sua amata.

Campo di Janowski, 1943

***

Le dune di Piaski
Che vista meravigliosa,
I campi, il sole infuocato,
Gli alberi sulla collina,
Ai loro piedi le rotaie del treno.
Che bello che era
Durante le vacanze
Quando, beatamente liberi,
Ci riunivamo a cantare.
Davanti a noi giace ora la valle della morte
Il luogo che ci strappò via i nostri cari
E dove il fumo grigio fluttua nell'aria, sopra la valle.
Il fumo proviene dalle ossa di mia mamma
E dal sangue di mio padre
E si mischia alle nostre lacrime.
Tristezza senza fine, amarezza e dolore.
Noi, i miserabili, deplorevoli, dimenticati ebrei,
Veniamo trascinati ovunque
Per morire nel campo.
Davanti a noi si trovano due campi
Uno è quello della vita e della libertà,
l'altro è ricoperto di tenebre e dell'ombra della morte.
Verso quale siamo attratti?
Può tentarci ancora la libertà
Dopo tale sofferenza,
Delusione e incertezza?

Chi può alleggerire la nostra sofferenza?
Forse Dio può vedere dall'alto
Il modo in cui delusione e fallimento
Si trasformano in fumo sulle dune di Piaski.

Campo di Janowski, 1943

***

Belzec

Che vista terrible!
Una carrozza piena di persone,
In un angolo – alcuni corpi.
Sono tutti in piedi, nudi,
I pianti soffocati
Dal rumore delle ruote –
Solo i condannati capiscono
Che cosa stanno sussurrando loro le ruote:
A Belzec! A Belzec! A Belzec!
A morire! A morire! A morire!
A Belzec! A Belzec! A Belzec!
A morire! A morire! A morire!
Se voi volete vivere allora
Saltate! Correte! Fuggite!
Ma attenti!
Le guardie vi seguono.
A un altro condannato dicono:
Tua madre non la vedrai più,
Non c'è motivo di piangere.
Non c'è motivo di singhiozzare
Tuo padre non lo vedrai più,
Perché le ruote ti stanno portando via –
A Belzec! A Belzec! A Belzec!
A morire! A morire! A morire!
A Belzec! A Belzec! A Belzec!

A morire! A morire! A morire!
Il treno smette di correre,
Poi si ferma.
Pianti eruttano dai mille cuori
Il treno è arrivato a destinazione.
Il fischietto risuona:
Questo è Belzec. Questo è Belzec. Questo è Belzec.

Campo di Janowski, 1943

***

Alla mamma
Mi sento così male, è difficile,
Tutto sembra pesare incredibilmente su di me
Ma che cosa posso fare?
Tu sei così lontana.
La sabbia ti chiude gli occhi,
Il tuo cuore tanto amato non batte più.
Perché mi hai ferita così?
E perché mi hai lasciata da sola,
Circondata da estranei?
Devo sopportare ogni tristezza da sola.
Ma tu mi starai sicuramente guardando da lassù
E mi proteggi da ulteriore dolore,
E quando scende la notte
E tutto intorno a me è silenzioso
Tu arriverai dal cielo
Ti siederai sul mio lettino.
Come in quei giorni ormai lontani
Mi bacerai la fronte.
Conto le ore, i minuti,
Aspettando quel magnifico,
Magico incontro.
Come sarò felice
Come sarà leggera e felice la mia anima.

Ma il momento sarà breve
Troppo breve per essere sufficiente,
Tu te ne sei andata velocemente.
Questo mondo ti spaventa, lo so,
Così come anche gli sguardi della gente.
Nascondendomi sotto le mie coperte
Cerco conforto.
Ma una notte così bella
Rende il dolore ancora più forte.
Credo che tu tornerai,
Che questo è davvero successo
Vieni, mamma, vieni,
Vieni cara mamma.

Campo di Janowski, 1943

***

Notte
La notte dilaga, in pace
Coprendo il trambusto del giorno in silenzio
Come una madre che conforta e da sollievo,
Separando l'uomo dalla routine della giornata.
Avvolge il mondo nelle tenebre,
Calmando le tragedie e le sofferenze con i sogni
Finché, dopo che il torpore è passato,
Le preoccupazioni e la tristezza ritornano.

Cracovia, 16 luglio 1944

***

Tregua
Tregua, tu mi sei così cara!
Chiusa tra quattro mura,
Per scappare e nascondermi dal rumore della città

Per dar riposo alla mia testa
E fuggire verso altri mondi
Verso un dolce sognare e delle visioni infinite
Lontano, lontano dagli uomini.
Questo momento di fantasticheria,
quando nessuno può sentirmi, nessuno può vedermi,
è un momento gioia.
Oh! Confortami, momento di gioia, confortami!
Portami via, lontano.
Magia e guarigione del silenzio,
Momento di gioia, come un leggero oscillare,
portami via verso le cime del cielo
Dove posso vivere tra la realtà e il sogno
Dove di nuovo posso essere una ragazzina
Lontana da questo mondo miserabile.

Cracovia, 28 agosto 1944

***

Poronin – sulla montagna
Ehi! Via di mezzo!
Ho gli sci ai piedi.
All'inizio, un po' di insicurezza,
Le gambe mi tremano
Scivolo giù dalla pista
E i miei sci scivolano in autonomia.
Sento la potenza del vento,
Mi gira la testa,
Il sangue mi rimbomba nelle tempie,
Il vento mi scompiglia i capelli
E mi accarezza le guance, gentile.
All'improvviso uno sci si storta
E boom!
Attorno a me solo il bianco morbido.
Coperta di neve

Mi alzo in fretta
Così che nessuno se ne accorga
E riparto, gli sci scivolano sempre più giù.
Dopo aver sciato giù dalla pista
Il cielo limpido
Rabbuiato laggiù dalla foresta
E le montagne dei Tatra
Riempiono l'orizzonte.
Il mormorio degli alberi sussurra
La vita deve essere vissuta
Perché il mondo è meraviglioso.

L'orfanotrofio di Poronin ai piedi dei Tatra, gennaio 1945.

RINGRAZIAMENTI

La maggior parte delle traduzioni delle mie memorie dopo che furono scritte nel 1946 sono state volute da traduttori o da case editrici.

La prima traduzione completa dal polacco al tedesco (di Viktor Mika) comparve nelle sette edizioni di un'antologia di diari di guerra a Berlino tra il 1958 e il 1960, *Im Feuer vergangen: Tagebucher aus dem Ghetto* (Morti tra le fiamme: diari del ghetto). Un'edizione rivisitata in tedesco comparve nel 2018, a cura di Metropol, Università di Giessen: *Mit den Augen eines zwölfjährigen*.

Le traduzioni successive furono quelle dal polacco all'ucraino e al russo, e furono pubblicate una cinquantina d'anni più tardi nel 2011. L'iniziativa in questo caso fu di Ada Dianova, direttrice dell'Istituto culturale di beneficenza ebraico Hesed Arieh a Leopoli.

La popolazione ebraica di Leopoli era parte dell'ondata di immigrazione russa (ed ebraica) a Leopoli – molti appartamenti erano stati liberati a seguito dello sterminio degli ebrei e dell'espulsione dei polacchi. Ada voleva rafforzare il legame con la comunità originale di ebrei nella città e organizzò una produzione teatrale ispirata al mio libro e diretta da Vyacheslav Olkhovskiy. I miei ringraziamenti vanno allo storico ucraino Yaroslav Hrytsak per il suo incoraggiamento e supporto nella pubblicazione del diario in ucraino e russo. Un ringraziamento speciale lo devo anche ad Ada per aver aperto le porte a una nuova ondata di apprezzamento e interesse per il mio diario. In questa e in tutte le pubblicazioni successive ho incluso un epilogo in cui ripercorro brevemente la mia vita durante e dopo la guerra in Polonia e in Israele.

Ringrazio Guillem Calaforra (Università di Valencia) che tradusse il diario dal polacco al catalano e poi allo spagnolo, e si assicurò che venissero pubblicati a Barcellona e a Madrid. Gli sono molto grata per aver prestato particolare attenzione alla storia di Michal Borwicz a cui sono particolarmente legata e a cui devo la vita. Guillem, inoltre, portò alla luce delle incongruenze tra il manoscritto del 1943 e quello pubblicato a Cracovia del 1946.

I miei ringraziamenti vanno anche a Livia Parnes del Memoriale della Shoah di Parigi, per i suoi sforzi costanti per pubblicare il diario in francese. Ringrazio anche Catherine Coquio, professore di Letterature comparate all'Università Paris-Diderot, per il suo aiuto nella pubblicazione. Ringrazio anche Judith Lyon-Caen del dipartimento di Sociologia dell'Università di Parigi 6 per il suo supporto nei confronti della pubblicazione del diario e per averlo incluso nel programma del suo seminario.

Ringrazio anche Agnieszka Zuk per aver tradotto il diario dal polacco al francese, la quale non abbandonò l'impresa nemmeno quando diversi editori si rifiutarono di pubblicarlo. Un ringraziamento speciale lo devo anche a Isabelle Vayron per il suo film *Janina's Notebooks* (*Les Carnet de Janina, Talweg Production et Vogse Television*), che fu usato durante diversi meeting in Francia organizzati da Serge Grossvak per promuovere il libro.

Sono molto grata a Ewa Kozminska-Frejlak dell'Istituto storico ebraico di Varsavia per le numerose discussioni che condussero alla scrittura dell'epilogo. Ringrazio anche Piotr Laskowski per aver scritto la postfazione alla seconda edizione polacca con commenti illuminanti.

Molte grazie anche a Gideon Gitai per aver combattuto perché il diario fosse pubblicato in finlandese, a Teemu Matinpuro per averlo pubblicato e a Tapani Karkkäinen (Helsinki) per averlo tradotto.

La mia traduzione del diario dal polacco all'ebraico fu curata da Michal Kirzner-Appleboim che rese il mio linguaggio più raffinato e snello. Egli mostrò il manoscritto corretto a David Gottesman, a capo della casa editrice Pardes, il quale immediatamente mi chiamò dicendo che era pronto a pubblicarlo. Un grazie speciale, quindi, va a Michal per il suo supporto e aiuto, veramente senza prezzo, e a David Gottesman per essere stato disposto a pubblicarlo.

Il lavoro di cooperazione nella preparazione del libro per la pubblicazione ebbe come conseguenza la nascita di un'amicizia con Guillem, Michal, Ada, Livia, Ewa e Agnieszka. L'adattamento teatrale del diario (in polacco) nella Leopoli ucraina fece si che tra me e le attrici Tatyana Sukorkina e Alexandra Somish si creasse uno stretto legame. Il mio grazie va a Bilha Mas-Asherov che preparò un monodramma basato sui diari. Questo, assieme al film *Janina*, prodotto da Chen Shelach per il Ghetto Fighter's House, contribuì significatamene alla distribuzione del libro in ebraico. Questi nuovi amici hanno arricchito la mia vecchiaia.

Ringrazio anche Anat Bartman-Elhalel, direttore degli archivi del Ghetto Fighter's House e a Noam Rachmilevich per il suo lavoro meticoloso di cura del diario originale. Loro sono sempre stati per me amici sempre disponibili.

Un ringraziamento speciale all'Istituto storico ebraico di Varsavia per la loro iniziativa di far rivivere tutte le loro pubblicazioni dell'inizio del dopoguerra, permettendo quindi agli autori di trasmettere i loro messaggi autentici.

La pubblicazione delle mie difficili memorie d'infanzia segna la chiusura del mio ciclo di vita. La mia ricompensa oggi è una vecchiaia felice al fianco di Kalman, il mio compagno di vita, che mi è stato accanto in tutto – a cui posso solo dare la mia immensa gratitudine.

I miei figli, Eitan e Zwi, sono stati una costante fonte di incoraggiamento e supporto. A loro devo un ringraziamento speciale, così come a Serge Grossvak, per il loro contributo alla propaganda del mio diario in Francia. Ringrazio anche il sindaco e i membri del consiglio comunale di Stains, al comune di Parigi II, e all'Organizzazione degli ebrei di Francia per la pace, la Liga dei diritti dell'uomo, Women in Black e Amnesty International per il loro contributo.

Dinah McCarthy e Kalman Altman si sono volontariamente offerti di tradurre il diario in inglese, a partire dalla versione ebraica e francese, con il mio intervento occasionale qualora fosse necessario il paragone col polacco. Un caldo ringraziamento a loro due per questo progetto di traduzione in inglese.

Infine, ringrazio mio figlio Eitan per aver trovato un editore per pubblicarlo.

Janina Hescheles Altman

Haifa, maggio 2019

CITAZIONI DA PREFAZIONE, POSTFAZIONE E FILM

Ada Dianova, direttrice dell'Istituto culturale di beneficenza ebraico in Ucraina, Hesed Arieh a Leopoli (Lviv, precedentemente Lvov).

Estratto dal film di Isabelle Vayron *Janina's Notebooks* (I diari di Janina, Parigi, 2017):

Per ricordare i 70 anni dall'occupazione nazista di Leopoli nel giugno del 1941 e il primo pogrom contro gli ebrei, abbiamo ritenuto necessario mostrare il grande contributo degli ebrei alla vita culturale e intellettuale della città prima della guerra.

Per questo motivo, abbiamo condotto delle indagini su alcune delle più importanti figure ebraiche che hanno vissuto a Leopoli durante la guerra. Uno dei nomi che fu portato alla nostra attenzione è quello di Henryk Hescheles. Egli era il curatore di Chwila, *un quotidiano pubblicato due volte al giorno in Polonia. Il giornale andava a ruba ogni volta. Scoprimmo che durante la guerra lui e la maggior parte della sua famiglia vennero uccisi ma che sua figlia, Janina, era sopravvissuta. Quando arrivò a Cracovia nel 1943 dopo la fuga dal campo di concentramento di Janowski iniziò a scrivere le sue memorie in un quaderno.*

La storia fu pubblicata col titolo Through the Eyes of a Twelve-year-old Girl *(Attraverso gli occhi di una bambina di dodici anni), Cracovia, 1946. Il libro, scritto dal punto di vista di una bambina è allo stesso tempo terribile e molte forte. Abbiamo quindi pensato di tradurlo in ucraino e in russo.*

Il libro racconta cose terribili, anche a proposito degli ucraini. Quando finii di leggere il libro ero spaventata all'idea di pubblicarlo. Temevo persino che potesse scatenare nuovi conflitti a Leopoli tra ebrei e ucraini...

Yaroslav Hrytsak, Professore di Storia all'Università di Leopoli I. Franko State.

Estratti dalle edizioni ucraina e russa (Leopoli, 2011):

...Janina Hescheles fu fortunata a sopravvivere. Le sue memorie hanno un valore storico raro: sono state scritte quando il ricordo del campo di Janowski era ancora fresco. Esse sono inoltre segnate da una precisione fotografica che caratterizza i ricordi dei bambini. Si è tentati naturalmente di paragonarle al diario di Anna Frank. Ma questo è un'impresa futile. Anna Frank e la sua famiglia rimasero nascosti finché, nell'agosto 1944, la polizia tedesca non li scovò. Per questo il suo diario fornisce poche informazioni riguardanti le vite degli ebrei che vivevano ad Amsterdam durante l'occupazione tedesca, e la vita giornaliera della famiglia Frank nel campo di concentramento, cosa che invece accade nelle memorie di Janina Hescheles. Qui, la vita di tutti i giorni, così come la violenza da cui veniva confrontata tutti i giorni, sono al centro del diario. La vita clandestina portò angoscia e sofferenza ad Anna Frank, ma la sua famiglia aveva accesso a libri, seguiva corsi universitari e con l'aiuto di amici riuscì ad ottenere cibo e altre distrazioni. Per loro la cosa più spaventosa era il suono delle esplosioni proveniente da fuori.

La vita di Janina Hescheles durante l'occupazione presenta un contrasto violento: oltre ad udire l'eco giornaliero degli spari, Janina fu testimone di diverse esecuzioni di prigionieri sul tragitto del lavoro, camminando lungo una strada disseminata di corpi senza vita.

Janina aveva paura: non della morte ma del destino dei bambini che invece di essere uccisi venivano seppelliti vivi. Un passaggio del suo diario rivela un dettaglio straziante: i prigionieri del campo non pregavano per la liberazione, ma perché la loro morte fosse veloce e liberatoria.

Guillem Calaforra, Università di Valencia, Spagna.

Calaforra studia Filologia catalana e spagnola all'università di Valencia e ha ottenuto un dottorato in Linguistica dall'università di Cracovia. È l'autore di numerosi libri e ha pubblicato diverse traduzioni, tra cui il diario di Janina che ha tradotto in catalano (Barcellona, terza edizione) e in spagnolo (Madrid).

Estratti dalle edizioni catalana e spagnola:

Nel 2011, quando stavo preparando una lezione per il centesimo anniversario di Milosz a Cracovia e Bucharest, trovai per caso due pubblicazioni che menzionavano il lavoro di uno scrittore di cui non ero a conoscenza. Questo era un certo Michal Borwicz, un attivista membro dell'associazione clandestina antinazista attiva a Leopoli e a Cracovia.

Alla fine della Seconda Guerra Mondiale Borwicz presentò una tesi di dottorato all'università Sorbona di Parigi che la pubblicò con Presses Universitaires de France (1954) e poi con Gallimard (1996), col titolo Scritti di prigionieri condannati a morte sotto l'occupazione tedesca (1939-1945).

Milosz elogiava tale libro perché in esso Borwicz spiegava il paradosso di quanto l'Olocausto avesse afflitto le vittime attraverso gli omicidi industrializzati delle persone che erano traumatizzate e avevano messo su carta una serie di testimonianze in un linguaggio che non trascendeva i cliché o gli stereotipi.

In questo libro Borwicz dedica un capitolo ai bambini condannati a morte, e qui elogia le memorie di una bambina di dodici anni, Janina Hescheles, che col suo aiuto fuggì dal campo di concentramento di Leopoli.

Borwicz scrive: "la sua memoria affidabile e precisa con cui racconta accuratamente gli eventi successi – non conosciamo nessun altro lavoro simile che combina così tanti eventi esprimendoli così bene e in così poche pagine. Nel manoscritto non c'è alcun segno di correzione. Al contrario, il fatto che sia così primitivo dà al diario integrità. Questi quaderni sono stati scritti quando Janina era ancora in pericolo. A causa delle circostanze ancora immutate, il suo lavoro è caratterizzato da consistenza, che riporta fedelmente la realtà dei fatti."

Recentemente molti libri scritti da testimoni dell'Olocausto sono stati pubblicati in spagnolo, prevalentemente scritti da adulti: Primo Levi, Imre Kertész, Taudesz Borowski e Elie Wiesel per citarne alcuni. L'unico testo scritto da un bambino e pubblicato in spagnolo è il diario di Anna Frank, che descrive l'esistenza passata in clandestinità per ben due anni ad Amsterdam, ma rivela ben poco dell'atmosfera antisemita del tempo. Quindi, ho deciso di cercare il diario di Janina e occuparmi delle questioni di copyright.

Nell'aprile 2012 contattai Yad Vashem a Gerusalemme e ricevetti il contatto di Janina Altman. Pensavo questa fosse la figlia di Janina Hescheles ma ricevetti la risposta, "no sono io. È il mio diario". Quel messaggio significò per me la chiusura di una sorta di cerchio magico.

Ero sopraffatto dall'emozione e dal momento in cui ricevetti un'e-mail firmata da Janina Altman, la nostra corrispondenza divenne una questione di nutrimento spirituale. Janina, una donna sopravvissuta alla Shoah, che visse la sua maturità in Israele e ci vive ancora, ha ora ottant'anni e scrive lettere molto chiare e gioiose e continua la sua lotta per l'ottenimento dei diritti umani in Palestina. Ha detto al suo traduttore un'importante lezione di umanità, generosità, e ottimismo. È grazie a lei e grazie alla sua pazienza prontezza alle spiegazioni che nacquero le traduzioni in spagnolo e catalano.

Ewa Koźmińska-Frejlak, sociologa, contributrice regolare al mensile ebraico *Midrasz* e capo del consiglio di redazione del diario di Janina.

Estratti della seconda edizione in polacco (Varsavia, 2016):

Janina Hescheles nacque nel 1931 a Leopoli, figlia di Amalia e Henryk Hescheles. Il testo del diario fu scritto a Cracovia nel 1943, dopo la fuga da Janowski. Come molte altre testimonianze scritte durante la guerra nella 'parte ariana', il progetto di scrivere un diario venne portato a termine grazie all'iniziativa degli attivsiti della resistenza ebraica in cooperazione con lo Degota, il Consiglio polacco per l'aiuto agli ebrei. Nel caso di Janina fu il ramo di Cracovia. Gli attivisti incoraggiarono coloro che si trovavano in clandestinità a tenere dei diari e tener traccia delle memorie del passato più recente, e provvedevano a fornire loro quaderni e matite. Più tardi, ricevettero ulteriori cronache di quei tempi e li conservarono spostandoli da un posto all'altro quando necessario. Contribuirono così alla nascita di fonti che documentano l'Olocausto, consapevoli dell'importanza del materiale che stavano raccogliendo – per gli storici ma anche per l'identità degli ebrei...

Nell'agosto 1944, l'armata rossa arrivò a Lublin, la prima città polacca ad essere liberata dall'occupazione tedesca. Gli storici ebrei e gli scrittori arrivati fondarono il consiglio nazionale ebraico il cui compito era di ordinare i documenti della Shoah. Con l'avanzata sovietica, nuovi rami del consiglio vennero fondati anche in altre città.

Nel maggio 1945, il "Diario di Hescheles" assieme ad altri manoscritti arrivò a Łódź, dove si trovava la sede della commissione centrale storica ebraica a quel tempo. Più avanti, i diari vennero spostati a Cracovia dove il responsabile era Michal Borwicz, il quale aveva reso possibile la fuga di Janina Hescheles da Janowski. Il vice di Borwicz era Maria Hochberg-Marianska: Janina fu posta sotto la sua cura dopo la fuga dal campo. Maria lavorò anche per il ramo di Cracovia della Commissione e poi per Yad Vashem in Israele.

Piotr Lashkowski, Università di Varsavia.

Estratto dalla seconda edizione polacca (Varsavia 2016):

Oltre ai personaggi ricordati dalla storia, eroi ed eroine della cospirazione e della resistenza, in queste memorie ci sono anche eroi di cui di solito non si parla: un compagno di giochi, un altro prigioniero – compagno in un campo di miseria, vicino di letto nei capannoni.

Janina Hescheles registra i loro nomi accuratamente, rendendo così questo diario l'unico posto della storia a ricordare la loro esistenza. Sembra quasi che la piccola Janina sapesse che la storia – intera, nel suo complesso – potesse essere raccontata solo quando ogni sua traccia, ogni sua scintilla e ogni suo frammento fosse stato preservato. Solo in questo modo si può realizzare la risposta esigente della fede che ogni sofferenza "da qualche parte, in qualche modo conta". Le parole di Janina Hescheles registrate nell'epilogo di questa edizione non sono un'aggiunta alle memorie, ma una parte integrante di esse: "Oggi, Leopoli è ovunque".

Livia Parnes, Storica e coordinatrice della attività culturali al Mémorial della Shoah di Parigi; co-curatrice dell'edizione francese del diario di Janina.

Estratti dall'edizione francese e dal film di Isabelle Vayron *Janina's Notebooks* (Parigi, 2017):

Nel 2013 al Mémorial della Shoah a Parigi venne aperta un'esibizione titolata "Al cuore del genocidio. Bambini durante la Shoah 1933-1945." All'inizio dell'esposizione si incontrano le pagine ingiallite di un manoscritto in polacco, prestatoci dagli archivi della Jewish Fighter's House di Israele. Abbiamo scoperto che l'autrice era una bambina di dodici anni, Janina Hescheles, la quale scrisse le sue memorie nel giro di qualche settimana dopo essere fuggita dal campo di concentramento di Janowski a Leopoli, e che le sue memorie (il suo 'diario') fu pubblicato a Cracovia nel 1946. Quello stesso anno, nel 2013, gli archivi misero l'intero manoscritto online.

Altrove, un filologo di Valencia, Guillem Calaforra, il quale sta ora lavorando alla traduzione della versione polacca del diario, scopre il manoscritto negli archivi e inizia l'immenso lavoro di comparazione di quel manoscritto con la prima versione pubblicata in polacco da cui tutte le citazioni dell'invasione sovietica a Leopoli erano state omesse, probabilmente per evitare la censura. Nelle traduzioni catalana e spagnola di Calaforra queste parti del diario sono state restaurate, il che ha influenzato il trattamento delle edizioni già pubblicate.

La cosa più toccante di tutti questi sforzi deve essere il fatto che proprio grazie a questo impegno costante Janina trovò la forza, 70 anni dopo la scrittura del diario, per tradurlo in ebraico e cercare un editore che pubblicasse la sua traduzione.

Judith Lyon-Caen, storica, EHESS Scuola per gli studi avanzati di sociologia, Parigi 6; co-editore della traduzione francese del diario di Janina.

Estratti dal film di Isabelle Vayron *Janina's Notebooks* (Parigi, 2017):

Lavoro su Michal Borwicz dal 2010. Leggendo il suo libro pionieristico Scritti di prigionieri condannati a morte sotto l'occupazione tedesca (1939-1945), *pubblicato nel 1954 a Parigi, mi rendo conto della presenza delle memorie di una giovane ragazzina che Borwicz chiamava 'Jeannette H.' e che possono essere paragonate a quelle di Anna Frank.*

Fu così che scoprii questa testimonianza. Il testo è scritto dal punto di vista di una bambina. Cammina per le strade e vede una serie di adulti nel panico, spaventati, venire verso di lei. È una scena quasi cinematografica: un focus interno su una bambina che vede adulti agitati, persone che corrono, che urlano...non analizza immediatamente la situazione come farebbero gli adulti, i quali invece tendono a contestualizzare subito e a trovare una spiegazione – le cose succedono, lei descrive quello che vede e che si diramano di fronte ai suoi occhi.

Questo testo fa sì che un pubblico che identifica Auschwitz come modello del campo di concentramento, un pubblico francese soprattutto, acquisisca un punto di vista diverso sull'esperienza delle morti organizzate. Janowski era un campo di morte, più di 200.000 persone vi morirono. Tuttavia, il fatto che si trovava nei sobborghi di Leopoli lo rese anche un posto poroso. Molti prigionieri lavoravano in città e c'erano quindi molte vie di fuga: fu proprio questo che aiutò Janina a fuggire. Janowski non era un centro di morte sigillato e isolato da tutto il resto. Al contrario, le donne polacche 'ariane' erano impiegate nelle officine delle DAW assieme a Janina per esempio. C'era quindi questa porosità insolita...ne siamo venuti a conoscenza in un modo indiretto, astratto, ma è molto diverso dall'esperienza dei grandi campi di concentramento e di morte sintetizzati per i francesi da Auschwitz.

I diari di Janina, se mi posso permettere di fare questa affermazione, ci hanno aperto gli occhi all'esperienza di un campo di lavoro e di morte, con le caserme degli uomini, quelle delle donne e un'orchestra, la quale ebbe un ruolo importante in quelle che i prigionieri definivano 'attività culturali'...

Per questo motivo il lettore può fare esperienza della vita del campo quasi in prima persona, anche se 'vita' non è forse il termine più adatto.

Catherine Coquio, professoressa di Letterature comparate, Università Diderot, Parigi 7, co-autrice del libro *La bambina e il genocidio*, co-direttrice della serie "Letteratura, Storia e Politica" di Classiques Garnier, che pubblicò il diario di Janina.

Estratti dal film di Isabelle Vayron's *Janina's Notebooks* (Parigi, 2017):

Tra il 2000 e il 2001 iniziai a condurre una ricerca investigativa con Aurélia Kalisky, raccogliendo una serie di testi pubblicati. Cercammo di capire le risorse specifiche per tracciare i comportamenti dei bambini durante la Shoah. Tra questi testi trovammo il libro di Michal Borwicz, Scritti di prigionieri condannati a morte sotto l'occupazione tedesca (1939-1945). *Un capitolo del libro era incentrato sugli scritti dei bambini.*

Tra i racconti c'erano dei diari con la testimonianza di Janina Hescheles e il diario di Anna Frank. Eravamo colpiti dalla grande differenza dei due testi. Il diario di Anna Frank non è privo di violenza – contiene un senso di inquietudine e desiderio di protezione – ma quello di Janina immerge il lettore nel peggior tipo di violenza.

Perciò, il ritrovamento di questa storia scritta da una bambina che era sopravvissuta a tutto questo, fu una cosa veramente straordinaria. Per molte ragioni questa testimonianza era inconsueta e straordinaria, così come anche la sua autrice.

Michal Borwicz e Janina vissero nello stesso campo, Janowski, nei sobborghi di Leopoli, vicino al ghetto. A quel tempo lui aveva circa 30 anni ed era scrittore e poeta. Divenne più tardi uno storico. Sentendo la bambina recitare le sue poesie nel campo, nei pressi delle capanne delle donne, ne fu attirato. Questo testo ha una storia molto ricca e commovente, toccante, perché venne raccolto e salvato nello stesso modo in cui la bambina fu raccolta e salvata. Fu pubblicato più tardi proprio dall'uomo che lo salvò.

I testi dei sopravvissuti, soprattutto quelli dei bambini, ci toccano in un modo esagerato e diventa impossibile rimanere indifferenti davanti a tali racconti. Ai miei occhi, infatti, essi appaiono estremamente preziosi, forse ancora di più dei testi di terza o quarta generazione che, se pur essenziali, non hanno lo stesso potere di muovere e commuovere.

Janina è arrabbiata, persino infuriata, a causa delle attuali norme di Israele. Anche se usa espressioni che potrebbero sembrare esagerate, è importante sapere che questa rabbia viene udita nel libro, che viene registrata. È un aspetto della sua personalità. La giovane Janina non avrebbe raccontato in quel modo le esperienze vissute se l'intensità con cui fa esperienza delle cose non fosse parte integrante della sua personalità.

Michal Kirzner-Appleboim, traduttore, curatore, scrittore, curatore dell'edizione ebraica del diario di Janina.

Estratti dall'edizione ebraico (Haifa, 2016):

È raro che il lavoro di revisione e cura di un libro porti a inaspettati contatti umani. Quando ricevetti un'e-mail di Janina, con la richiesta di curare l'edizione ebraica di un diario che aveva scritto durante la Shoah non avevo assolutamente idea che sia il testo che l'autrice avrebbero lasciato una tale impressione su di me.

La porta di casa mi venne aperta da una donna, piccola e magra, assomigliante a una bambina di dodici anni. Ma questa donna era ben più forte persino dei metalli che lei stessa utilizzò nei lunghi anni spesi come ricercatrice chimica.

Il diario di Janina, al di là del valore storico, è una testimonianza scritta in tempo reale, è la "poena" dello spirito dell'uomo, il quale è più forte di tutte le forze dell'oscurità. Nella sua infanzia Janina fu esposta a una crudeltà inimmaginabile e perse tutti i suoi cari. C'erano tuttavia due cose che la guerra non le portò via, la sua fede nell'uomo e la speranza.

La sua fede nell'uomo fu ed è per lei una guida persino ora, in quanto attivista veterana per i diritti dell'uomo, per l'eguaglianza e per la pace. Per quanto riguarda la speranza – è quasi incredibile che una donna, la quale già in infanzia attraversò tali esperienze, riuscì non solo a far ricombaciare i frammenti della sua vita in un modo così ammirabile – professionalmente e personalmente – ma che sia arrivata al punto di affermare che "la vita è bella". Che lezione questa, per tutti noi.

Helena Ganor, sopravvissuta all'Olocausto di Leopoli, medico in pensione in California, autrice del libro *Quattro lettere ai testimoni della mia infanzia*.

Estratti dal suo libro (Syracuse University Press, 2007):

Durante l'occupazione nazista, una delle ragazzine del ghetto, Janka Hescheles, organizzò un piccolo teatro e tutte noi facevamo a turno per recitare, calandoci in ruoli immaginari. Prima della guerra suo padre era curatore di un importante giornale di Leopoli. Eravamo tutte estatiche di poterci rifugiare qualche istante in questo mondo immaginario, lontano dalla nostra cupa e triste esistenza.

Dopo la guerra Janina pubblicò un libro che parla di questi tempi, Attraverso gli occhi di una bambina di dodici anni. *Questo libro mi accompagnò nel momento in cui mi trasferii in America. Mio padre me lo comprò dopo la guerra, perché Janina parlava di me, citando il mio nome e cognome, rendendomi così più di una qualsiasi ragazzina anonima sopravvissuta a questo incubo.*

Oggi vedo questo libro come l'equivalente polacco del Diario di Anna Frank. *Che tristezza che questo libro è ancora sconosciuto al mondo. È sconosciuto perché la ragazzina di allora ha disegnato un'immagine tutt'altro che nobile del paese che una volta chiamavamo casa. Per questo motivo la gente non volle diffondere il libro.*

RICHIESTA DI RECENSIONE

Caro lettore,

se hai apprezzato la lettura di *Leopoli. L'Olocausto attraverso gli occhi di una dodicenne*, ti chiedo cortesemente di lasciare una recensione su Amazon o Goodreads.

Ogni piccolo contributo è estremamente appezzato.
Ti ringrazio!

GLOSSARIO

I nomi in corsivo si riferiscono a persone citate in queste memorie:

Arbeitsamt: ufficio del lavoro ebraico

Askari: guardia ucraina

Aufseher: ispettore

Ausweiss: carta d'identità

Belzec: campo di sterminio

Brygidki: prigione dove Henryk Hescheles fu ucciso

Bügler: "stiratore"

Chwila (*Il momento*): quotidiano ebraico in polacco curato da Henryk Hescheles

DAW (*Deutsche Ausrüstungswerke*): officine di armamento tedesche

Degota: comitato di aiuto agli ebrei

Einsatz Kommando: forze operative speciali

Esskarte: buoni pasto

Frauenlager: campo femminile

Gelände: spazio all'aperto nelle DAW in cui era situato il campo maschile

Haushalt: certificato di famiglia

Heraus: vattene; va' via

Judenrat: consiglio ebraico

Jüdenrein: libero da ebrei

Jüdischer Ordnungsdienst: milizia ebraica

Julag (Judischer Arbeitslager): resti del ghetto dove vivevano i lavoratori

Kolonnenführer: capofila

Kontrolstube: capanna adibita alla sicurezza

Lagerpolizist: polizia del campo

Lemberg, Leopoli (Lvov), Lviv: città austriaca (Lemberg) prima della Prima Guerra Mondiale, polacca tra la Prima e la Seconda Guerra Mondiale, ucraina (sovietica) dopo la Seconda Guerra Mondiale

Meldekarte: autorizzazione ottenuta dopo la registrazione all'ufficio del lavoro

Memoriale della Shoah: centro memoriale per la Shoah a Parigi

Mischling: discendente di origini miste, con genitori o nonni ariani ed ebrei

Ordner, Werkordner: inserviente

Piaski: "Le dune", luogo di esecuzioni di massa e cremazione dei corpi, situato vicino al campo di Janowski a Leopoli

Rohstoff: compagnia di riciclaggio di 'materie prime'

Sanitätspersonel: operatori sanitari

Scheisskarte: pass per andare alle latrine

Schupo (*Schutzpolizei*): polizia

Sonderdienst: servizi speciali

Technion-Israel Institute of Technology (*Haifa*): dove Janina studiò chimica e ottenne un dottorato

Todbrücke: ponte della morte

Unterkunft: ufficio di amministrazione tedesco che controllava il *Julag*

Wachmänner: sentinella tedesca

Wannsee Conference: dove i capi nazisti decretarono la cosiddetta "Soluzione finale del problema ebraico"

Weyssenhof: prigione controllata dalla polizia ebraica

Wäscherei: lavanderia

Waschraum: sala con docce e bagni

Wehrmacht: forze armate tedesche

Wohnungsamt: dipartimento alloggi

Zurichter: persona che preparava il materiale da cucire

Zwangsarbeitlager: campo di lavoro forzato

INDICE

I nomi in corsivo appaiono nelle memorie:

Adlersberg

Akser, Ryszek

Ala

Altman, Eitan and Zwi (figli di Janina)

Altman, Kalman (marito di Janina)

Bartman-Elhalel, Anat

Blumenthal, Jerzy (fratello della madre di Janina e marito di Sala)

Blumenthal, Mundek (fratello della madre di Janina, padre di Klara e Gustaw/Gustak)

Blumenthal, Rena (seconda moglie di Mundek Blumenthal)

Borwicz (Boruchovitz), Michal (Maksymilian, Maks, Ilian)

Brat (marito di Bronia, curatore e poi impiegato civile)

Calaforra, Guillem

Coquio, Catherine

Dianowa, Ada

Frankel, David

Ganor, Helena

Gebauer

Gottesman, David

Grossvak, Serge

Gruen, Helena e Yerachmiel

Hasenus, Lucy

Hescheles (Blumenthal), Amalia (Lusia, mamma, Mamushia)

Hescheles, Henryk (papà, Tatusch)

Hescheles, Janina (Janka, Janula, Yania)

Hescheles, Mundek (fratello di papà)

Hirsch, Jacob (cugino di Janina)

Hochberg-Marianska, Maria (Marysia)

Hrystak, Yaroslav

Jakubowicz, Bronislaw (Bronek)

Janowska (Wôjcikowa), Wanda

Jolles, Dr.

Kärkkäinen, Tapani

Kirzner Applebaum, Michal

Kleinmann, Perec

Kordybowa

Kozminska-Frejlak, Ewa

Kurzrok, Maksymilian

Labiner

Landesberg, Henryk

Laskowski, Piotr

Levin, Rabbi

Lyon-Caen, Judith

Marianska (Maria-Hochberg)

Matinpuro, Teenu

Marysia, zia (madre di Irka e Lala)

Mas-Asherov, Bilha

McCarthy, Dinah

Milosz, Czeslaw

Norwicka

Olga

Orland

Parnas, Jozef

Parnes, Livia

Pietrowska, Jadzia

Piotrowski, Mieczyslaw (Mietek)

Rachmilevich, Noam

Rena (Elzbieta) Aiden

Rotfeld, Adolph

Rysinska, Ziuta

Shelach, Chen

Somish, Sasha (Alexandra)

Strzalecka, Jadwiga

Sukorkina, Tatyana

Szeptycki (arcivescovo), Andrij

Tadanier, Dr.

Vayron, Isabelle

Wahrman Bumek/Bronek (Abraham)

Warzok

Zipper, Mania (Miriam)

Đuk, Agnieszka